# Super Creative

Moving reality with core ideas and execution

# 超クリエイティブ

「発想」×「実装」で現実を動かす

三浦崇宏

文藝春秋

# はじめに　超クリエイティブで現実を動かす

クリエイティブという言葉にみなさんはどんな印象を持たれるでしょうか。

かつてはクリエイティブというと、アーティストをはじめ広告代理店やテレビ・エンタメ産業といった一部の業界の特殊な技術だと思われてきました。とんがったデザインのポスターや、かっこいいCMをつくれる人がいわゆるクリエイティブ職のイメージでした。

しかし今や、さまざまなデジタルツールの発展とともに個人がメディアを持って簡単に発信できるようになり、〝一億総クリエイティブ時代〟とも言われています。自分でHPをつくってデザインしたり、気の利いた文章のブログを書いたり、ユーチューバーとして映像をアップしたりする中、クリエイティブという言葉の印象も、ずいぶん手軽なものとなりました。ともすると、独創的で面白いもの、おしゃれなもの、素敵なものをつくるための表面的なテクニックだと矮小化《わいしょうか》されて捉えられがちです。

しかし、クリエイティブの本質はそうした演出的なスキルにあるのではなく、「革新的な変化のきっかけをつくり出す」思考法にこそあります。目の前にあるモノや事象に別の意味を生み出し、新しい価値をつくり出す力です。

クリエイティブの思考法が身につくと、世界の見え方が一変します。毎日の暮らしが面白くない、ちょっと刺激が足りないと思っていたとしたら、生活のさまざまな場面や仕事を新しい意味で捉え直すことができます。会社の事業が伸び悩んでいるとしたら、その事業が社会においてどんな意味を持っているのか再定義し、突破口を開くことができる。

クリエイティブとは、ちょっとやそっとの努力では変えられない凝《こ》り固まった社会の現実に、新しい意味を与えることで、未来を切り拓く力です。

これからの令和の時代、日本が国際社会における経済競争力を持ち、文化的に、外交的にリスペクトされながら成長していくためには、クリエイティブの力が必要不可欠です。今現在、日本社会で問題とされていることのほとんどは、高度経済成長期という日本が長らく規範としてきたコンセプトの耐用期限切れが原因だと、僕は考えています。

昭和から平成にかけて、日本は企業も市民も、一丸となって量的成長を追い求めてきました。より速く、より多くの製品をつくり出し、マーケットを拡大し、稼ぐ。1956年の経済白書が「もはや戦後ではない」という、時代の区切りを明朗に告げたその瞬間から、国も、企業も、個人も、「高度経済成長期」という共同幻想を信じてただひたすら、がむしゃらになって努力を続けてきたわけです。

しかし、昭和が役割を果たし、平成の世も終わりに差し掛かる頃から、人口の増加と企業の成長を前提とした経済モデルという魔法は、その神通力を失い始めました。加速する少子高齢化、そして働き方改革、GAFAなどグローバルプラットフォームによる情報の寡占化《かせんか》……いくつもの大きな波が重なり合い、日本社会は新しい局面を迎えました。そう、現実を直視すれば、「もはや日本社会は成長期ではない」のです。

では低迷する日本が活路を見出すうえでなぜクリエイティブが鍵なのか。

例えばここに、なんの変哲もない茶碗があるとします。この茶碗をより高い価値で売ろうとしたらどんなことができるでしょうか?

一つは、より丈夫な素材でつくるというアプローチがあります。「資源」を活用して商品の魅力をつくり出す方法は、日本においては昔からやりたくてもできないことでした。国土が狭く、鉱物資源の産出量の少ない日本で、資源による競争は武器になり得ません。

あるいは、同じ時間内にたくさんの人で100個の茶碗をつくって売るというやり方もあります。「組織力」で生産量を上げて利益を高める方法です。昭和の日本企業において、護送船団方式による組織力は大きな力になりました。丸善石油のCM「オー、モーレツ!」(69年)にちなんで生まれた「モーレツ社員」という言葉に象徴されるように、高度経済成長期には多くの働き手が長時間、熱狂的に働くことが正義とされてきました。

しかし、人口減少社会を迎えた日本で、そんな仕事の進め方はできませんし、する必要もない。そもそも現代の市場において生産人口で勝負しようとしたら中国と競い合うことになります。そんな勝ち目のない戦いに参入したいとは思わないでしょう。

三つ目は、保温できるテクノロジーを使って「冷めない」お茶碗として商品価値を高めることもできます。このような「技術力」によって付加価値をつけるやり方もかつての日本が得意としていたアプローチです。しかし、世界の技術力の最先端はもはや日本になく、シリコンバレーあるいは深圳《しんせん》こそが最先端の場所になっています。いや、今となってはこういった物理的な中心地があるという考え方さえもが、もう古いのかもしれません。広大なデジタルの海の中で、あらゆる場所にテクノロジーは散在しているのですから。

つまり、価値を生み出す力として、資源・組織力・技術力いずれの分野も日本は弱くなってしまった。では日本はどういう戦い方ができるのか?

〈この茶碗は宇宙の象徴です〉

突然こう言われたら多くの人がびっくりして興味を持つでしょう。そこにあるもの自体は変わらないけれど、「この茶碗はわび・さびという宇宙の理《ことわり》を象徴する深い美しさを持っています」と、新しい意味を見つけることによって、この茶碗の価値を100倍にも1000倍にもする。こんな魔法のようなことが実際にできるのが、「見立て」です。これこそがあるものの意味を変えることによって新しい価値をつくり出す――すなわちクリエイティブの力なのです。

その先駆的な存在は、日本初のクリエイティブディレクターともいうべき千利休です。茶碗という誰が見ても変わらない普通のプロダクトに、別の意味を与えることによって美術品としての価値を与えました。あるいは茶室というものをただの狭い部屋ではなく、精神を落ち着け、人と人とが親密かつ平等に向かい合う場として、わずか二、三畳の空間に大きな意味を与えました。そのとき茶室は、空間的な狭さを乗り越えて概念的には無限の広さを手に入れることになります。

現に今でも、400年以上前に千利休が見出した茶碗の価値は、数百円の日用品ではなく、数千万円、時には数億円という値段で取引きされています。あるものに新たな意味をつけ加えることで価値を高めるクリエイティブな力は、日本に残された最後の国際競争力の源泉とも言えます。

そして、このクリエイティブで取り組むべき喫緊《きっきん》の課題とは、高度経済成長期に代わってこの国を駆動する新しい「コアアイデア」の開発です。コアアイデアとは、企業やブランドが、「変化あるいは非連続な成長を生む際に、中心となる考え方」のことです。
この国はこれからどうやって成長していくのか、この国で生きる我々はどのように生きるのが幸福なのか。この問いに対する答えを、クリエイティブの力で導き出さなくてはなりません。

信じられる答えが見つかったとき、少子高齢化はもはや問題ではないかもしれません。国の人口が減るということは、一人当たりの資源や土地がもっと豊かに使えるということでもある。労働時間が減るということは、個人の思考や趣味による創造や、子どもを教育するためにかけられる時間が増えるということでもある。

人口が増え、経済が成長していくことが正しいという前提さえ取り外せば、先進諸国の中で他に先駆けて人口減少社会に突入した日本は、世界において新しい幸福のモデルケースをつくることができます。クリエイティブの力で幸せな働き方と生活のかたちを示すリーディング・カントリーになれると信じています。

本書のタイトルに『超クリエイティブ』と冠したのは、これまでに世に出たクリエイティブの本と3つの意味で決定的に違っているからです。

一つは、クリエイティブの力を、従来のイメージを超えて、汎用性の高い思考法として再定義していること。ビジネスパーソン、あるいは学生、どんな方でも仕事やプロジェクト、乗り越えたい課題がある方であれば誰でも使うことができ、仕事や人生をより良いものに変える、ひいては行き詰まった現実を超克《ちょうこく》して社会を次のステージに導く思考法として新しい意味を持たせています。

次に、クリエイティブの核心を「コアアイデア」という概念で刷新しているからです。ものごとの本質を見抜いたうえで、〈状況を一変させる考え方〉となるのがコアアイデアです。例えば、アップルという企業の成長には「すべての人のクリエイティビティを解放する」という思想が、あるいはスターバックスにおいては「サードプレイス――職場でも家庭でもない、心からリラックスできる第3の居場所」という価値がコアアイデアとして機能してきました。クリエイティブと言ったときに、このもっとも重要なコアアイデアを生み出す方法、いわば思考の型をインストールできるようお伝えします。

最後に、クリエイティブの役割を、「発想」と「実装」の両方を含んだ「現実を動かす」力として捉えている点にあります。面白いアイデアは誰もが一度は思いつくかもしれませんが、それが個人の脳内で完結してしまえば妄想ですし、パソコンで企画書をつくっただけでは世界を変えることはありません。

アイデアは「発想」した後に、必ず「実装」する――すなわち現実世界で実現しなくてはならないのです。当然アイデアが優れたもの、誰もが思いつかない意外性のあるものであればあるほど、実装することは簡単ではありません。本書ではそのための組織づくり、チームビルディングにまで踏み込んで論じています。

2007年に博報堂という広告代理店に入社して以来13年、プロのクリエイター、クリエイティブディレクターとして生きてきて、はっきりとわかったことがあります。

それは、コアアイデアは生み出せる人と、そうでない人がはっきりと分かれるということです。プロのクリエイターを見ても、前者は2割に満たないでしょう。このコアアイデアを生み出すことができるかどうかが、クリエイターの仕事における根幹になれる人と、枝葉に終始してしまう人を分けます。それは自ずと収入や組織における地位にも影響し、コアアイデアを生み出せるかそうでないかで、報酬は桁が一つ変わります。

この差分は別に能力が優れているかどうかではなく、コアアイデアを発想する思考の型を持っているかどうかの違いから生まれます。もし今のあなたが、アイデアの発想や企画力、クリエイティブなセンスに自信がなかったとしても諦める必要はありません。クリエイティブへの飽くなき渇望があれば、トレーニング次第で、誰しもがコアアイデアを生み出し、実装する側にまわることは可能だからです。

そんな力を身につけるには、単なるアイデア発想術のようなハウトゥーでは用をなしません。クリエイティブの歴史や本質を教養として咀嚼《そしゃく》したうえで、コアアイデアを生む思考法を体にインストールすることが、職種や業界を問わずに仕事に使える実践力に結びつきます。

図らずも、コロナショックによって、人類は未曾有の変化の時代に突入しました。これまで当たり前とされてきた常識もルールも、毎日のように更新され続けます。テクノロジーの進化は加速し、あらゆる無駄がカットされ、効率化されていきます。モラルの感覚もアップデートし続け、かつては問題として扱われることのなかった事柄が大きな議論を呼ぶこともあります。人口動態の大変化が社会の諸制度を揺るがせていることは言うまでもありません。

あらゆる場面で見通しの立たない時代において、私たちが現実を動かし、生き残るための力――それがクリエイティブなのです。

変化に巻き込まれる側から、変化を起こす側へ。

自らが人生を変え、現実を動かし、社会を良くする。

あなたにとって、本書がそんな可能性を見つけるための最初の一歩になることを願ってやみません。

目次

## 第2章　クリエイティブの新起源



## 第3章　モラルと教養という基礎力

## 第4章 戦略――コアアイデアをどう生むか

## 第5章 コアアイデアを検証し、プレゼンする

## 第6章 コアアイデアを実装するチームビルディング

## 第7章　ポストコロナ時代のクリエーション

構成　日比野恭三
装丁　大久保明子

# 超クリエイティブ

「発想」×
「実装」で
現実を動かす

# 第1章

# クリエイティブとは何か

## いつ何が起こるかわからない「VUCA」の世界

平成元年（1989年）、世界時価総額ランキングの上位20社のうち14社が日本の企業でした。1位はNTTで、2位以下には大手の国内銀行が名を連ねていました。31年後の2020年現在、ランキングを上からたどっていくと……日本の企業はなかなか見つかりません。最上位はトヨタ自動車。世界47位です。

日本企業はかつて、世界の市場を席巻していました。日本人の特質であるきめ細かさを生かし、新たな機能を搭載した商品を次々に開発。生産効率も極限まで改善を重ね、価格が安く、安全で高品質なジャパンブランドを築き上げていきました。

いわばロジックの追求による成功体験です。それは、経済が右肩上がりだった時代、「現在」と地続きの「未来」をある程度は予測することが可能だった頃は強みとして機能し、日本企業を世界最上位の規模にまで押し上げました。世界時価総額ランキングにおける大幅な後退は、そうした成功モデルの行き詰まりを明確に物語っています。

なぜ日本の企業の成長は頭打ちになってしまったのか？　それは、企業の成長が直線的ではなく、非連続であることが前提になった時代に突入したからです。企業に求められて

## 世界時価総額ランキング（平成元年）

| 順位 | 企業名 | 時価総額（億ドル） | 国名 |
|---|---|---|---|
| 1 | NTT | 1638 | 日本 |
| 2 | 日本興業銀行 | 715 | 日本 |
| 3 | 住友銀行 | 695 | 日本 |
| 4 | 富士銀行 | 670 | 日本 |
| 5 | 第一勧業銀行 | 660 | 日本 |
| 6 | IBM | 646 | 米国 |
| 7 | 三菱銀行 | 592 | 日本 |
| 8 | エクソン | 549 | 米国 |
| 9 | 東京電力 | 544 | 日本 |
| 10 | ロイヤル・ダッチ・シェル | 543 | 英・蘭 |
| 11 | トヨタ自動車 | 541 | 日本 |
| 12 | ゼネラル・エレクトリック | 493 | 米国 |
| 13 | 三和銀行 | 492 | 日本 |
| 14 | 野村証券 | 444 | 日本 |
| 15 | 新日本製鉄 | 414 | 日本 |
| 16 | AT&T | 381 | 米国 |
| 17 | 日立製作所 | 358 | 日本 |
| 18 | 松下電器 | 357 | 日本 |
| 19 | フィリップ・モリス | 321 | 米国 |
| 20 | 東芝 | 309 | 日本 |
| 21 | 関西電力 | 308 | 日本 |
| 22 | 日本長期信用銀行 | 308 | 日本 |
| 23 | 東海銀行 | 305 | 日本 |
| 24 | 三井銀行 | 296 | 日本 |
| 25 | メルク | 275 | 米国 |
| 26 | 日産自動車 | 269 | 日本 |
| 27 | 三菱重工業 | 266 | 日本 |
| 28 | デュポン | 260 | 米国 |
| 29 | ゼネラル・モータース | 252 | 米国 |
| 30 | 三菱信託銀行 | 246 | 日本 |
| 31 | ブリティッシュ・テレコム | 242 | 英国 |
| 32 | ベル・サウス | 241 | 米国 |
| 33 | BP | 241 | 英国 |
| 34 | フォード・モーター | 239 | 米国 |
| 35 | アモコ | 229 | 米国 |
| 36 | 東京銀行 | 224 | 日本 |
| 37 | 中部電力 | 219 | 日本 |
| 38 | 住友信託銀行 | 218 | 日本 |
| 39 | コカ・コーラ | 215 | 米国 |
| 40 | ウォルマート | 214 | 米国 |
| 41 | 三菱地所 | 214 | 日本 |
| 42 | 川崎製鉄 | 213 | 日本 |
| 43 | モービル | 211 | 米国 |
| 44 | 東京ガス | 211 | 日本 |
| 45 | 東京海上火災保険 | 209 | 日本 |
| 46 | NKK | 201 | 日本 |
| 47 | アルコ | 196 | 米国 |
| 48 | 日本電気 | 196 | 日本 |
| 49 | 大和証券 | 191 | 日本 |
| 50 | 旭硝子 | 190 | 日本 |

## 世界時価総額ランキング（令和2年）

| 順位 | 企業名 | 時価総額（億ドル） | 国名 |
|---|---|---|---|
| 1 | アップル | 2兆2111 | 米国 |
| 2 | サウジアラムコ | 1兆8655 | サウジアラビア |
| 3 | マイクロソフト | 1兆7330 | 米国 |
| 4 | アマゾン・ドット・コム | 1兆7043 | 米国 |
| 5 | アルファベット | 1兆1100 | 米国 |
| 6 | フェイスブック | 8369 | 米国 |
| 7 | アリババ・グループ・ホールディング | 7842 | 中国 |
| 8 | テンセント・ホールディングス | 6575 | 中国 |
| 9 | バークシャー・ハサウェイ | 5240 | 米国 |
| 10 | テスラ | 4634 | 米国 |
| 11 | ビザ | 4595 | 米国 |
| 12 | ジョンソン&ジョンソン | 4044 | 米国 |
| 13 | ウォルマート | 3932 | 米国 |
| 14 | 台湾セミコンダクター・マニュファクチャリング | 3841 | 台湾 |
| 15 | マスターカード | 3675 | 米国 |
| 16 | ネスレ | 3452 | スイス |
| 17 | P&G | 3441 | 米国 |
| 18 | エヌビディア | 3244 | 米国 |
| 19 | 貴州茅台酒 | 3214 | 中国 |
| 20 | サムスン電子 | 3187 | 韓国 |
| 21 | JPモルガン・チェース | 3132 | 米国 |
| 22 | ホーム・デポ | 3067 | 米国 |
| 23 | ロッシュ・ホールディング | 2989 | スイス |
| 24 | ユナイテッドヘルス・グループ | 2986 | 米国 |
| 25 | 中国工商銀行 | 2581 | 中国 |
| 26 | アドビ | 2478 | 米国 |
| 27 | セールスフォース・ドットコム | 2475 | 米国 |
| 28 | ベライゾン・コミュニケーションズ | 2452 | 米国 |
| 29 | ウォルト・ディズニー | 2413 | 米国 |
| 30 | ペイパル・ホールディングス | 2398 | 米国 |
| 31 | LVMH モエ・ヘネシー・ルイ・ヴィトン | 2370 | フランス |
| 32 | ネットフリックス | 2310 | 米国 |
| 33 | バンク・オブ・アメリカ | 2278 | 米国 |
| 34 | 中国建設銀行 | 2270 | 中国 |
| 35 | メルク・アンド・カンパニー | 2166 | 米国 |
| 36 | インテル | 2144 | 米国 |
| 37 | コカ・コーラ | 2140 | 米国 |
| 38 | AT&T | 2124 | 米国 |
| 39 | ファイザー | 2106 | 米国 |
| 40 | コムキャスト | 2046 | 米国 |
| 41 | 中国平安保険 | 2043 | 中国 |
| 42 | SAP | 1981 | ドイツ |
| 43 | ノバルティス | 1976 | スイス |
| 44 | アボット・ラボラトリーズ | 1961 | 米国 |
| 45 | ペプシコ | 1938 | 米国 |
| 46 | 美団点評 | 1930 | 中国 |
| 47 | トヨタ自動車 | 1870 | 日本 |
| 48 | リライアンス・インダストリーズ | 1849 | インド |
| 49 | 中国人寿保険 | 1842 | 中国 |
| 50 | ロレアル | 1841 | フランス |

（左）『日経業界地図 2019年版』（日本経済新聞出版）を参照し、作成。

（右）https://www.corporateinformation.com/Top-100.aspx?topcase=bの9月3日付データを参照し、作成。

いるのは社会の変化を予測し、対応していく力ではない。予測不可能性を踏まえ、先んじて自らが変化し、社会変化のきっかけになっていく力です。

現代は「VUCA」の時代と言われています。「VUCA」とは、Volatility（変動性）、Uncertainty（不確実性）、Complexity（複雑性）、Ambiguity（曖昧性）の頭文字を取った言葉で、もともとは軍事用語として誕生しました。昨今ではビジネスの世界でもしばしば用いられますが、あらゆるものを取り巻く環境が複雑性を増し、想定外の事象が次々と発生し、将来の予測が困難な時代になったということです。

では、実際のところどんな変化が起きているのか？

・Netflix や Spotify が映画と音楽の代名詞になり、コンテンツ産業は、パッケージ販売モデルからサブスクリプションモデルへと変わった。

・トヨタは自動車メーカーから都市と移動のプラットフォーマーになろうとしている。彼らの最大のPRの場所はモーターショーからCES（毎年ラスベガスで開催されている電子機器の見本市）へ。

・ユニクロやZARAなど大手のアパレル企業が旗振り役になって、ファッション業界の大量生産・大量消費の仕組みを変え、サステナブルな生産・エシカル消費（倫理的消費）へと動きが広がっている。

・Yahoo!をはじめとする日本の大規模ITプラットフォーマーたちはユーザーの想像を超える規模と速度で合従連衡《がっしょうれんこう》を始めている。

こうした地殻変動が次に何を引き起こすか、誰もまだ先は見通せません。「VUCA」の世界においては、日本企業が得意としてきた論理思考だけでは、もはや変化の波にのれないのです。

戦後から現代までを俯瞰《ふかん》すると、昭和は「国家」と「規模」の時代でした。

戦後の経済成長という大きな流れの中で、1960年代に池田内閣のもとで進められた「所得倍増計画」は年平均10％という目覚ましい経済成長を実現し、「国家」は国民に方向性を指し示すものとして機能しました。その主役となったのは、三菱重工などの財閥系企業や、トヨタ、ホンダ、ソニーなど製造業を営む大企業群です。海外にも積極的に進出してマーケットを開拓し、海外からはエコノミック・アニマルと揶揄《やゆ》されるほど、急速に事業規模を拡大しました。

日本人は「国家」に属する国民として帰属意識を持ち、国の大号令のもと「規模」の拡大に邁進《まいしん》した時代――それが昭和でした。

つづく平成は「企業」と「機能」の時代だったと言えます。

オウム真理教による一連の事件が表面化したのは、ドイツでベルリンの壁が崩壊した平成元年（１９８９年）のことでした。91年にはソビエト連邦が崩壊し、ポスト冷戦とグローバル化が急速に進む流れの中で、国家という枠組みはしだいに相対化されていきました。「あなたは何者か」と問われたとき、昭和の時代なら「私は日本人である」と一義的に答えられたのが、平成の世では、人々のアイデンティティの拠り所となったのはむしろ「企業」でした。ソニー、任天堂、トヨタ、キヤノン、ユニクロといったナショナルブランドが国民の誇りであり、ものづくり日本の精神を体現していたのです。

## 「個人」と「思想」が優位に立つクリエイティブの時代

企業がアイデンティティとなった平成の時代背景には、ＧＡＦＡ（グーグル、アマゾン、フェイスブック、アップル）と通称されるアメリカの巨大ＩＴ企業の誕生と急成長があります。それらが存在感を地球規模に拡大した結果、「あなたは何者か」の問いに対し、国籍に関係なく「私はグーグルの社員である」「アップルの社員である」という答えが、より自然に選択されるようになりました。

ＧＡＦＡは、それぞれが明確な思想・ミッションを持ち、目指す「機能」に特化してビジネスを突き詰めている点で共通しています。

・グーグルは「調べる」（世界中の情報を整理し、世界中の人々がアクセスできて使えるようにするという使命）。
・アマゾンは「手に入れる」（オンラインであらゆるものを探して発掘可能にし、消費者に出来る限り低価格で提供するという使命）。
・フェイスブックは「つながる」（コミュニティづくりを応援し、人と人がより身近になる世界を実現するという使命）。
・アップルは「ライフスタイルの進化」（一人ひとりが自分らしく生きることを支援するという使命）。

こうした思想が事業を強力にドライブし、ＧＡＦＡは国境の壁を易々と越えて、圧倒的な影響力を世界に与えています。平成のおよそ30年間とは、「企業」が自らの「機能」を徹底的に磨き上げることによって強大化した時代でした。

ＧＡＦＡが世界にもたらしたのは「生活の民主化」。これをもっと具体的なイメージで語るのであれば、日本の回転ずしチェーンでいうところの「生活のスシロー化」だったと言えます。

ひと昔前はそれなりに特別な外食の場だった「寿司」は、スシローやくら寿司などによる企業間競争とテクノロジーによる効率化が進んだ結果、「回転ずし」という新たなビジネスモデルを生み出し、ファミリーレストランのような誰にとっても身近な存在になりました。ＧＡＦＡも、同じ現象を引き起こしています。

・自力ではたどり着けない文献を探し出してもらう
・ほしいものをワンクリックで自宅まで届けてもらう
・日常の生活圏を超えて、多くの人とつながれる
・手のひらサイズのデバイスに何千曲もの最高の音楽が入っている

かつては富裕層しか体験できないような、便利で充実したライフスタイルが、ＧＡＦＡの提供する機能によって、今では世界中の多くの人にとって当たり前のものになりました。つまり、生活のスシロー化が進んでいる。

あらゆるものがコモディティ化（類似商品があふれて差異がなくなり市場価値が低下すること）した時代に強い輝きを放つのは、その対極にあるものです。わかりやすく言えば、ちょっとすごいものは埋没し、〝超すごいもの〟だけが脚光を浴びる。

１皿１００円の回転ずし店に長蛇の列ができる一方で、駅前の個人経営の寿司屋は客が減り、苦戦を強いられています。一方、一席３万円はする銀座の超高級鮨店は相変わらず人気を集めている。そこには回転ずし店に代替されない高い付加価値があると認識されているからです。オーバースペックなものほど熱烈に受け入れられやすい土壌ができていま

す。

そんな令和の時代は、「個人」と「思想」が優位に立つ時代になるでしょう。そのとき、やはり「クリエイティブ」が重要な武器になると言えそうです。

例えば、プロダクトメーカーのバルミューダ。2003年に設立された小規模の新興企業ながら、同社が開発する独自性の高い商品への評価は高く、すでに大手メーカーに劣らぬ存在感を放っています。そのバルミューダを一躍有名にした商品が〝究極のトースター〟と名高い「BALMUDA The Toaster」（2015年）でした。

元ミュージシャンの経営者が、17歳のとき放浪の旅で地中海沿岸をめぐる中、スペインで口にした地元のベーカリーのパン。そのとき涙が出るほど感動したパンの香りと味が忘れられなくて、20年来の思いを胸に、「パンがおいしく焼ける」という本来の機能にこだわり抜いたトースターを開発しました。製品化するまでに試行錯誤で焼いたトーストは5000枚を超えると言います。

ある種の愚直さを体現したかのような、シンプルで潔いトースターは大きな話題を呼び、2万5000円という高価格にもかかわらず飛ぶように売れました。既存の家電業界が、トースターの多機能化で競い合ってきた中で、あるいは、AI（人工知能）が精度を増すごとに、どのメーカーも画一的な答えに行き着いてしまいがちな中で、「個人」の強い思いに根差したアイデアが、異彩を放つ商品を生み出したのです。

「個」が重要度を増しているのも、背景に次のような社会変化があるからでしょう。

一つは、転職の一般化です。日本でも終身雇用を前提とした労使関係は過去のものとなりつつあり、働き手にとっての企業は「乗り物」、然るべき時機が来たら乗り換えて当然、という考え方が広まってきています。

あなたに、自分の人生を通して成し遂げたい何らかの理想があるとしましょう。企業（組織）を乗り物と捉えれば、いろいろな選択肢が生まれます。あるときは企業の一員として、商品やサービスや広告などの企業活動を通してその実現を試みる。あるときはNPOに属し、より直接的にその実現につながる活動に身を投じる。またあるときは、エッセイを発表するなどの個人的な活動によって、自らの考えを世に問う。

つまり、個人は「思想」に共鳴する組織を選び、渡り歩きながら（あるいはどこにも属さないで）、その具現化を目指す。生き方としてそうしたワークスタイルを選ぶ人が増えていくでしょう。

もう一つ、SNSの普及も同様の変化を後押しします。

まだSNSがなかった頃、どんなに志の高い思いを持っていても、無名の個人がそれを発信する術《すべ》はほとんどありませんでした。多くの他者の共感を集め、世の中を動かすなどということは奇跡に近かった。

今なら、有名でもない誰かの、たった一つの短いツイートが大きく社会を動かす発端となりえます。クラウドファンディングで広く金銭的支援を集めることもできれば、「個人」の発信力は、使い方一つで企業以上の影響力を持ちえます。どうしても伝えたい思い、成し遂げたい仕事があるならば、それを叶える術は用意されている。

あるいは企業が、コモディティ化した市場で突出した商品やサービスを生み出したかったら、個の「思想」や「美学」から出発し、突き詰めていかなくてはいけない。個が極めて重要な意味を持つ時代となったのです。

## クリエイティビティが思想を体現する

「機能」で差がつかない時代は、「思想」で差がつく。その思想を体現するために必要なものが、クリエイティビティに他なりません。

具体的にはどういうことなのか、いくつかの事例からさらに掘り下げてゆきましょう。

以前、ミネラルウォーターの「ボルヴィック」は10年にわたって、「1L FOR 10L」というキャンペーンを展開していました。ボルヴィックが1リットル販売されるごとに、アフリカで井戸を掘り、清潔で安全な水10リットルを供給できるだけの寄付を行うという、ユニセフとの共同プログラムです。つまり、先進諸国の人々は、ボルヴィックの購入を通して手軽に社会貢献できる仕組みで、大きな反響を呼びました。

これは、味や品質では差別化が難しいミネラルウォーターを売るという課題を、「途上国の人々のいのちを救う」という思想で突破したのです。

アメリカのアウトドアブランド「ＲＥＩ」は、１年のうちでもっとも売上が上がるブラックフライデー（11月の第４木曜日）に、全店舗をクローズしました。一体なぜか？　アウトドアブランドもまた、同業他社との差別化は容易ではありません。「パタゴニア」も「ザ・ノース・フェイス」も「コロンビア」も、どれもおしゃれで高品質です。別の言い方をすれば、どれか一つが飛びぬけて優れているとも言い難い。

そこでＲＥＩは、「我が社は、アウトドアを楽しむ人のことをどこよりも考えているブランドです」という思想を打ち出した。

あえてもっとも売上が期待できるブラックフライデーに店舗もオンラインショップもクローズすることで、「買い物をする時間があるなら野山に遊びに出かけて、アウトドアを楽しんでください」というメッセージを出したのです。この勇敢な企業活動は、どんな広告よりも彼らの思想を雄弁に伝えました。「＃アウトドアを選べ」がＳＮＳで流行り、１

40万人がアウトドアを楽しみました。ブラックフライデー1日の売上がゼロになりはしたものの、ブランドイメージを確立し、年間の集客数はむしろ増えたそうです。

日本では、タピオカ店の「タピスタ」が面白いキャンペーンを展開しました。

大流行したタピオカもやはり、差別化が難しいジャンルでしょう。そこでタピスタは、2019年7月21日の参議院選挙の日、投票済証明書を提示した客を対象に全品半額にする「選挙割」を実施。「タピオカの一粒の重みと、あなたが持つ一票の重みは、どちらも未来を変える大切なものです」というメッセージを打ち出し、赤字覚悟で、タピオカを通して若者に政治について考えるきっかけを与えました。

これらは、企業が社会の問題にどう向き合っているかを意思表明した、非常にクリエイティブな事例です。

1リットルの水が売れたら10リットルの水を寄付する。1年でもっとも売上が見込める日に店を閉める。若者に政治に興味を持ってもらいたいという理由で半額にする。それは間違いなく非効率です。当期利益至上主義からは絶対に生まれてこない発想です。でも、そこには確かな意味がある。企業として、店としての個の思想があり、だからこそ異彩を放ち、注目を浴びる。そして、中長期的には顧客との絆を強めることになる。

クリエイティブとは、「意味を持った非効率」と言ってもいい。

ＧＡＦＡが象徴するように、機能と効率の追求はアメリカの得意分野です。日本企業の勝ち筋は、おそらくそこではない。目指すべきは、回転ずしのチェーンのような方向性ではなく、むしろ強い個性とブランドイメージを持つ高級鮨店です。徹底的に質にこだわったオーバースペック・クリエイティブ、そこを極めた先に、日本企業の生き抜く道は開けてくるでしょう。

## ブランディングが生き残りを決める

クリエイティビティによる思想の体現が企業のブランドイメージに直結する時代です。ブランディングはただの企業のファッションではありません。ＶＵＣＡ時代を生き抜くためのキーになる戦略です。ブランドとは、市場におけるあらゆるステークホルダー（顧客、従業員、株主など）が持つ共通のイメージですが、顧客にとっては次の３つの意味があります。

①製品価値を濃縮した識別記号
②価格を超えた品質保証
③習慣を生み出すキーワード

①はつまり、落ち着いたカフェといえばスターバックス、仕事が楽しそうなＩＴ企業といえばサイバーエージェント、高級車がほしかったらやっぱりベンツ、といった記号としてのイメージです。②は、時計ならＧ‐ＳＨＯＣＫ、タブレットならｉＰａｄといった品質に対する圧倒的な信頼。③は、牛丼なら吉野家、ノートといえばコクヨ、洗濯洗剤なら花王、といった安心感と結びついた習慣化です。

そんなブランドの競争力は、その企業が持つ行動規範、思想から生まれます。

・私たちは、スタッフではなくてキャストです。（オリエンタルランド）
・私たちの武器は生活者発想です。（博報堂）
・「すばらしい」では足りない。（グーグル）
・最善か無か。（メルセデス・ベンツ）

思想は、社員にとって「働く理由」であり、「自分の行動を決定するルール」であり、「ビジネスをドライブする思考のプラットフォーム」となります。製品の品質・安全の確保、開発にあたっての環境保全、社員の労働環境、取引先との信頼関係、社会貢献、情報開示、すべてにわたって企業の思想が、社員の行動に影響を与えます。

その行動はグーグルっぽいと言えるだろうか？　といった内面化された問いがビジネスの意思決定をドライブする。ちなみに僕の知り合いに、それまで広告代理店にいて、社内の女性と遊びまくっていた男性がいました。彼はグーグルに転職したとたん、「グーグルっぽくないから」と不倫をぴたりと止めたそうです。行動規範が社内に浸透している企業は、社員の私生活だって変化させるのです。

そして、その企業が思想を実現させるための行動そのものがブランド価値を決定する。

「ブランドは名詞ではなく形容詞でもなく動詞で語られる」

これはグローバル企業の広告を多数手掛けるクリエイティブカンパニーTBWAの総帥ジャン゠マリー・ドリューの言葉ですが、「アップルは反抗し、IBMは答えを出し、ナイキは熱く語り、ヴァージンは啓発し、ソニーは夢を見て、ベネトンは抵抗する」という。つまり、ブランドはその行動を動詞で表現されたときにより強く消費者にイメージを喚起し、突き刺さります。「このブランドは抵抗している」「このブランドは熱狂している」といった具合に。

そんなブランドの思想に共鳴した消費者はコミュニティ化していきます。熱烈なユーザーは「ソニー派ですか?」「僕もなんです」みたいにつながったり、『ジャンプ』で育った人々が世代を超えて盛り上がったり、「ウィキペディアの運営にご理解、ご協力を」にみんなが寄付したり、人々の強い共感がブランドを自然と広めてくれる。

すると何が起きるか?　価格競争に巻き込まれない、高くてもみんなが買ってくれる、

## ブランディング〈正のスパイラル〉

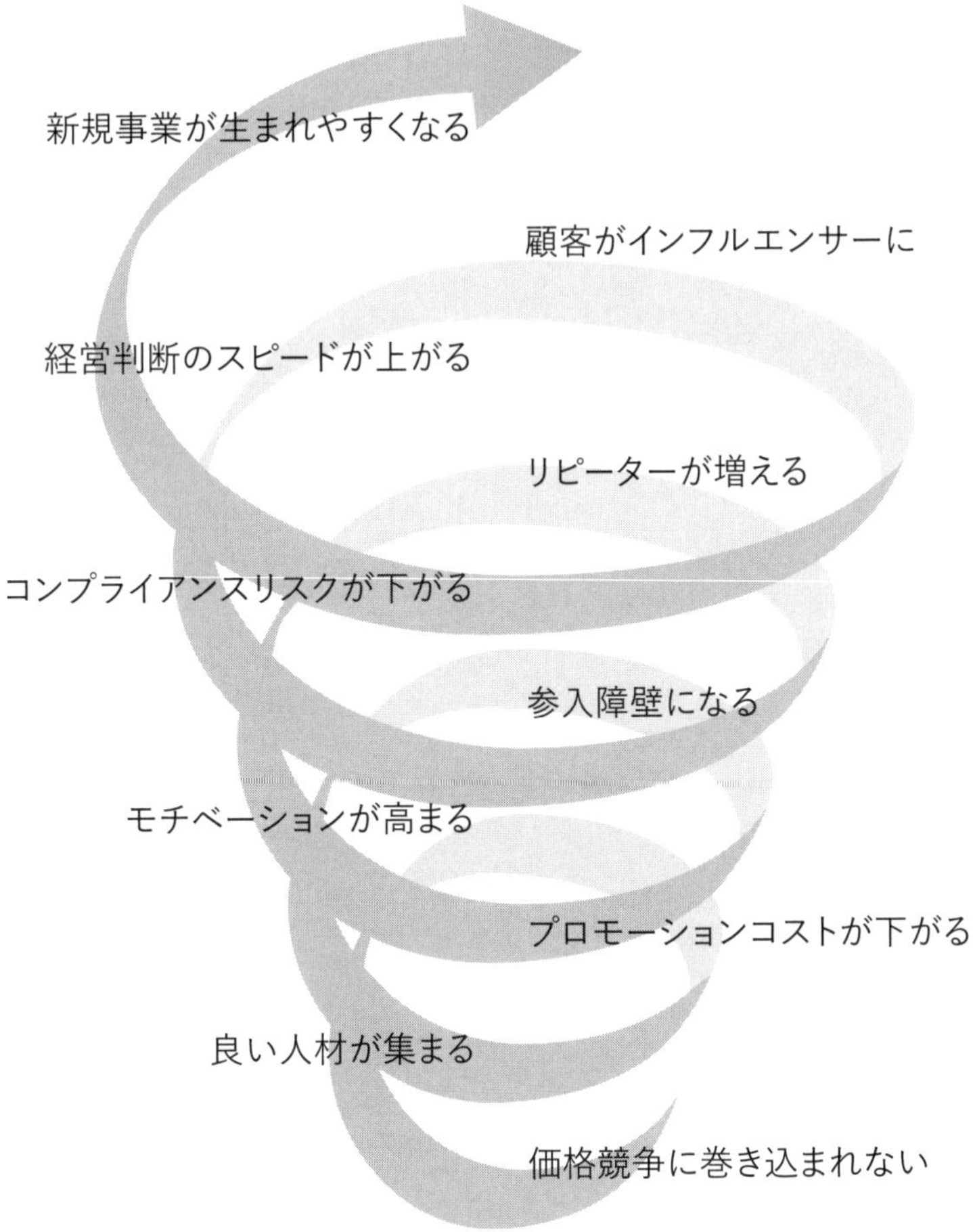
新規事業が生まれやすくなる
顧客がインフルエンサーに
経営判断のスピードが上がる
リピーターが増える
コンプライアンスリスクが下がる
参入障壁になる
モチベーションが高まる
プロモーションコストが下がる
良い人材が集まる
価格競争に巻き込まれない

リピーターが増える、ユーザーがインフルエンサーになってくれる、プロモーションコストが下がる、他社に対する参入障壁になる、という風に、連鎖的に市場で優位なポジションをとりやすくなるのです。

また、グーグルらしさといった行動規範は誰にでもすぐわかるので、社内向けには、社員のモチベーションが高まる、思想に共感する良い人材が集まる、コンプライアンスリスクが下がる、経営判断のスピードが上がる、規範にそった新規事業が生まれやすくなるという、こちらも正のスパイラルが生まれます。

逆にブランディングができていない企業は、熾烈な価格競争・サービス競争に巻き込まれ、自社コストの増加、収益率の低下、コストカット、広告・プロモーション予算の削減などに迫られた結果、市場シェアが低下していくという、負のスパイラルに巻き込まれてしまう。

思想を体現するクリエイティビティ、それがブランディングに直結し、市場で生き残れるかどうかを左右するのです。

企業を例に説明してきましたが、これは個人においてもほとんどの要素が当てはまることでしょう。個のブランディングに成功している人は、価格競争に巻き込まれず、フォロワーが応援=拡散装置になってくれます。

個や企業の思想を体現するブランディングが人を集め、お金を生む。昭和の規模経済、平成のスペック探求型の経済を経て、これからは思想や美学に共鳴して活発な経済活動が生まれる〈クリエイティブエコノミー〉が到来する。日本経済再生の鍵はクリエイティブにあるといっても過言ではない。時代の大きな変遷を、僕はそう捉えています。

## クリエイティブの定義

ではここで、クリエイティブとは何か、改めてその定義を示したいと思います。

クリエイティブ（Creative）とは、一般的には、創造的・独創的であることを意味します。広告用語としては、制作されたコンテンツや広告の制作者を指したりもします。でもこの「創造的」といったときにずいぶんと幅が広く、具体的にどんなことを指しているのかちょっとぼんやりとしています。

僕の考えるクリエイティブの定義はこうです。

**クリエイティブ＝非連続な成長を促し、新たな価値を生み出す多面的な思考法**

ただ独創性があるだけではない、ただ既存の価値を拡大するのではない、社会の中で驚きをともなった新しい価値を生み出すこと、これがクリエイティブの本質です。クリエイターとは「意味を生み出し、価値をつくれる人」を指します。

クリエイティブは2つのレイヤーからなります。**価値の「生産」**と、**価値の「発見」**です。

価値の「生産」は、まったくゼロの状態から、新しい価値のある何かをつくり出すことです。今まで世の中になかったコンテンツ（作品）、商品、プロダクト、事業などがこれに相当します。

アーティストがつくり出すさまざまな音楽や映画、文学など無から有を生む営みはもちろん、新しいテクノロジー、発明、独創的な製品、サービス、新規事業の立ち上げなど、ビジネスにおける新しい価値の「生産」も、クリエイティブと言えます。個人が生み出す作品だけでなく、企業などチームで生み出す価値も含んでいます。

一方、価値の「発見」とは、既存の文脈にとらわれず、別の視点から新たな価値づけ、コンセプトを生むことです。

例えば、通話機能しか持たないスマートフォンがあったとします。メールもできない、写真も撮れない、音楽も聞けない、それを手に取った多くの人は「このスマホは低スペックで価値がない」と感じるでしょう。

でも、こう解釈したらどうでしょうか。

「これは、大切な人に自分の気持ちを声で伝えるための特別なスマホです。このスマホを

## クリエイティブの定義

Creative＝非連続な成長を促し、新たな価値を生み出す多面的な思考法

2つのレイヤー

**価値の「生産」**

**価値の「発見」**

プレゼントするということは、その人に対するプロポーズです」

そんなコンセプトの広告をつくったら、多機能が売りのスマホ市場において、そのシンプルさが逆に新しい価値となって、ヒット商品になるかもしれません。

一見無価値に見えた「電話しかできないスマホ」には、今の社会が求めている価値が内在していた。それに気づき、抽出し、提示する。こうした思考のプロセスが新しい価値を「発見」する力です。これは多くの広告クリエイターが日常的にやっていることです。

僕自身の事例でいうと、ペダル付き足こぎ式車いす「ＣＯＧＹ」という商品に対し、ある価値の発見をしました。

「ＣＯＧＹ」とは、ペダルに足を置くことでその刺

激が人間の体の反射の仕組みに作用し、足が不自由な人でも自分でこいで動かせるという車いすです。ところがこれは最初、メーカーが「足こぎ式車いす」と銘打って売り出していて、まったく売れていませんでした。メーカーの方からいろいろと話を伺っていると、実際のユーザーは、「COGY」を使うことで日常生活の中にリハビリを組み込んでいる様子がわかってきた。足が不自由だから仕方なく車いすに頼っているというよりも、車いすを障害を乗り越えるためのツールと捉え、自身の身体機能の向上やリハビリに活用している。そこから「あきらめない人の車いす」というコンセプトが生まれ、大きく売れるようになりました。

これは、「足こぎ式車いす」は「あきらめない人の車いす」だという新しい価値の発見をしてマーケットが動いた事例です。

基本的な価値がすでにみんなに認められているものは、クリエイティブを必要としません。おいしいものを単に「おいしい」と言うことに、クリエイティビティはない。まだ人が気づいていない価値を見出して意味づけることが、価値の「発見」です。

もう少し事業に広げて考えてみましょう。例えば自動車メーカーが「もっと速いクルマをつくろう」「もっと燃費のいいクルマをつくろう」という発想で開発競争に取り組むことは、新たな価値の生産でも発見でもありません。既存の価値の深掘りにはなりますが、すでに見えているルールにのっとったロジックの追求でしかないから、非連続な成長までは期待できない。

しかしそこで、モビリティの観点からみた車の本質的機能とは何だろう、そもそも乗用車と貨物バンを分ける必要はあるのだろうかと考えてみるとします。2018年メルセデス・ベンツが披露した次世代ＥＶ「Vision Urbanetic」は、乗客用モジュールと貨物モジュールをつけかえて、人の移動にも荷物の運送にも双方の用途に応じた運用が可能な完全自動運転の車です。例えば朝、通勤・通学の人を送り届けたあと、日中配送業務を行い、夕方には乗用タイプに戻って人を帰宅させ、夜から朝にかけてまた荷物運送として運用するといったことも可能です。

「より少ない車で、より多くの人とものを運ぶこと」を可能にするコンセプト・カーは世界中の都市で深刻化する交通渋滞を解決する切り札として、大きな注目を集めました。実用段階にいたるにはもう少し時間がかかりそうですが、車という機械にまったく新しい価値をつくり出した好例です。この次元になると、価値の再発見にとどまらず、新しい価値の生産にもなっていて、両者はクロスオーバーしています。

これは車というプロダクトのルールを変えたとも言えます。これまでの社会が、サッカーでいうと「誰よりも足の早い人」「ゴールにまっすぐ点を入れられる人材」を求めていたとしたら、これからは「手を使ってみても良くない?」と前提条件からひっくり返して、みんなが夢中になって遊べるような「新しいルールをつくれる人」が求められている。

あるいは、AIというツールで業務の効率化をはかろうとみんなが考える中で、「AIで美空ひばりを再現したら面白くない? そしたらみんなAIについて考えてくれるんじゃない?」と、そのツールを使った「新しい試みを考え出せる人」の周りに金も人も集まってくる。新聞の紙面いっぱいに漫画を掲載したっていいし、ゲームの中で政治デモを起こしたっていい。そんな、誰もが参加したくなる変化のきっかけをつくり出すことに成功すると、既存のマーケットでのパイの奪い合いではなく新しい市場が生み出される。ここにこそ、クリエイティブの本当の役割があります。

ここで補足しておくと、クリエイティブという言葉は、広告業界で頻繁に使われてきましたが、従来の広告代理店が価値の生産や発見をしてきたかというと、そうとも言い切れません。広告代理店の仕事の大部分は、言うなれば、価値の「証明」でした。

価値の証明は、コミュニケーションの領域です。あらかじめ、すでにわかっている商品・サービスの価値を、より魅力的に見えるよう広告をつくり、メディアに載せて多くの人に伝播《でんぱ》する。もちろん魅力的な広告をつくるのにセンスと技術が必要です。これを狭義のクリエイティブと呼ぶとすれば、本書で取り扱う、すなわち僕がこれからの時代に必要だと考えているのは広義のクリエイティブと言えます。

価値の「生産」と「発見」というクリエイティブの本質的な意味に立ち返るとき、仕事の種類を問わず、あらゆるビジネスパーソンに求められる思考法だということがおわかりいただけるでしょう。

## 価値の生産と発見はボーダーレス

価値の発見は広告クリエイターの専売特許ではありません。売れていない商品をマーケットにつなげることも一つの重要な役割ですが、この概念はもっと射程距離が長い。

フェイスブックの創業者、マーク・ザッカーバーグは2013年のカンヌ広告祭に特別ゲストとして招待されたとき、こんなスピーチをしました。

「広告費は、つまらない商品をつくったことへの罰金だ」

どきりとする言葉です。要は、放っておいても売れるような圧倒的なものを世に出さなかったから、それを無理やり売るための手段として広告があるんだ、と彼は言ったわけです。

非常にすぐれた商品でもさまざまな要因が重なって実売に結びついていないことはあるので全面的に賛成はできませんが、ザッカーバーグの発言が一つの真実をついているのは確かです。

もし、最初から圧倒的にすぐれた商品が生産できたなら、価値の発見は不要でしょう。どの競合ブランドよりも高機能で素材のすぐれたダウンジャケットを1000円で販売できるとしたら、クリエイターが角度を変えながら価値の再発見をするまでもなく、ただその事実を伝えればいい。そこにクリエイティブが介在する余地はありません。

価値の発見が必要となるのは、主にラベリングされている価値が社会のニーズとマッチしていないケースです。内在している価値を顕在化させ、言語化することが求められます。

価値の生産と発見は、そうした関係性にあります。

僕は広告クリエイターとして価値の発見を生業《なりわい》としてきましたが、あるときから「クリエイターによる価値の発見をもっと手前の段階で行ったほうが合理的ではないか」と考えるようになりました。つまり、商品を開発し、世に出す段階で、価値の発見をサポートすることができれば、生産か発見かの二元論ではない、より高次なクリエイティブが可能になるのではないか、と。

僕の会社GOが、ただ広告を請け負うのではなく、商品やサービスの開発段階から戦略的に関与したり、新規事業の立ち上げを請け負うケースが多いのはそのためなのです。できあがったものをいかに売るかではなく、初期段階からクリエイティブな思考で練り上げたほうが断然効率がいい。

90年代までのクリエイティブディレクターの役割はいわゆる「CM制作」が中心でした。企業と生活者のコミュニケーション手段が限定的だった時代に広告をつくる仕事を「クリエイティブディレクター1・0」とするなら、次の時代には、映像だけではなく、イベントやデジタルの施策も組み合わせた「統合プランニング」が求められるようになりました。これを「クリエイティブディレクター2・0」と呼びましょう。さらに企業と生活者のコミュニケーションが多様化している現代においては、クリエイティビティを軸に「プロダクトやサービスといった事業を開発・成長させる」プロフェッショナルとしての「クリエイティブディレクター3・0」が求められると考えています。すなわち、変化を起こす〈非連続の成長〉の専門家としてのクリエイティブディレクターです。

そういう時代のフェーズを踏まえると、さまざまな商品・サービスを生み出す段階でいかに新しい価値を生産・発見するかが問われます。つまり「クリエイティブ」が必要なのは、一部の専門職だけではないのです。

## 新たな価値を生み出すアイデアをコアアイデアと呼ぼう

さて、価値の「生産」と「発見」、どちらのレイヤーにおいても、新たな価値を生み出すための、真ん中の考えを「コアアイデア」と呼びます。アイデアとは「そのブランドの本質から生まれた、世界を良く変える考え方」のことですが、その中でも一番核心となる考えがコアアイデアです。それは、**ものごとの本質を見抜いたうえで、〈状況を一変させる考え方〉**です。オセロの盤面がいっぺんにすべてひっくり返るような、それまでサッカーだと思っていた自分のフィールドがその瞬間からアメフトに変わるような、ルールを更新するアイデアと言ってもいい。これがクリエイティブの中核であり、駆動力となります。

現代アートの例でいうと村上隆の「スーパーフラット」は、伝統的な日本画からアニメ、ゲームなどのオタク文化にまで共通する造形的特徴を飲み込んだ美的概念で、現代アート界に殴り込みをかけた強烈なコアアイデアとも言えます。あるいは杉本博司の有名な「海景」シリーズは、「古代人が見ていた景色を現代人が同じように見ること」というコアアイデアで世界各地の海を同一の構図で撮って鮮烈なスケール感を獲得しています。

プロダクトでいうなら、98年に登場したスケルトンカラーで流線型の初代ｉＭａｃは、いわば「コンピューターをスペックではなく、デザインで選ばせる」というコアアイデアを示したことで、世界に衝撃を与えました。かつてのコンピューターに付随していた、無骨な箱、ごちゃごちゃの配線といったイメージをひっくり返し、斬新なデザインと10分もあればセットアップが完了する簡便さが受けて、その後のアップル伝説の始まりとなった。「インターネットの熱狂と、Macintoshの簡潔さの結合である」とジョブズが語ったｉＭａｃは業界のゲームチェンジャーとなったのみならず、"Think different"というアップルの思想の最良の具現化であり、現代人のライフスタイルも大きく変化させていきました。

僕は若手のクリエイターにいつも「アゴとこめかみを殴るような企画だけを考えろ」と言い続けています。得意の格闘技の例《たと》えですが、格闘技はアゴとこめかみ以外の場所をいくら殴ってもまず人は倒れません。急所をピンポイントで突くような、「一発で世の中の景色が変わる」ような衝撃をともなったコアアイデア――それは人間の根源的な欲望や感情にふれるものでなくてはなりません。

企画とは、アイデアを現実世界で形にして、現実を変えるための行動、活動を指します。どんな時代であっても場所であっても、人の感情の核心にふれるコアアイデアがなければ企画は小手先のものになり、世の中を動かす力とならない。

**コアアイデアは「本質発見力」×「世界の複数性への理解」**から生まれます。具体的なメソッドについてはのちの章で詳述しますが、まずここでは概念を理解していただければと思います。

先ほどの「COGY」を例に図解しましょう。足こぎ式の車いすを見たときに、まずこの製品の本質とは何かを考えます。わずかな力で歩行中枢が刺激され足でこぐことができる、事故や脳梗塞によって下半身が麻痺した人にとって、自分の足でこげることはどんな意味を持つのだろう、電動車いすがある時代になぜ人力なのか、リハビリに使えるものなのだろうかといった本質に対する考察です。商品の本質を言語化していきます。

そして、それが社会の中でどんな意味を持つかを考えます。障がい者が自分の力で動き、身の回りのことをしたり街に出かけたりすることの喜びとその意味です。かつて障がい者は家に閉じ込められた存在でした。障がい者運動にたずさわった方々の想像を絶する労苦を経て、1970年代から少しずつ、交通機関や街なかで車いす使用者のための整備が行われていきました。今では駅にエレベーターがついているのが当たり前ですが、ベビーカーを持った親やシニアの方々も、障がい者の当事者運動の多大な恩恵を受けています。

街に車いすで出た障がい者について、社会の複数の視点から考えます。当然そこには、当事者、家族、行政、ボランティア、一般市民、さまざまな人の複数のものの見方、受け止め方が入ってくるでしょう。

## コアアイデアを生む思考法

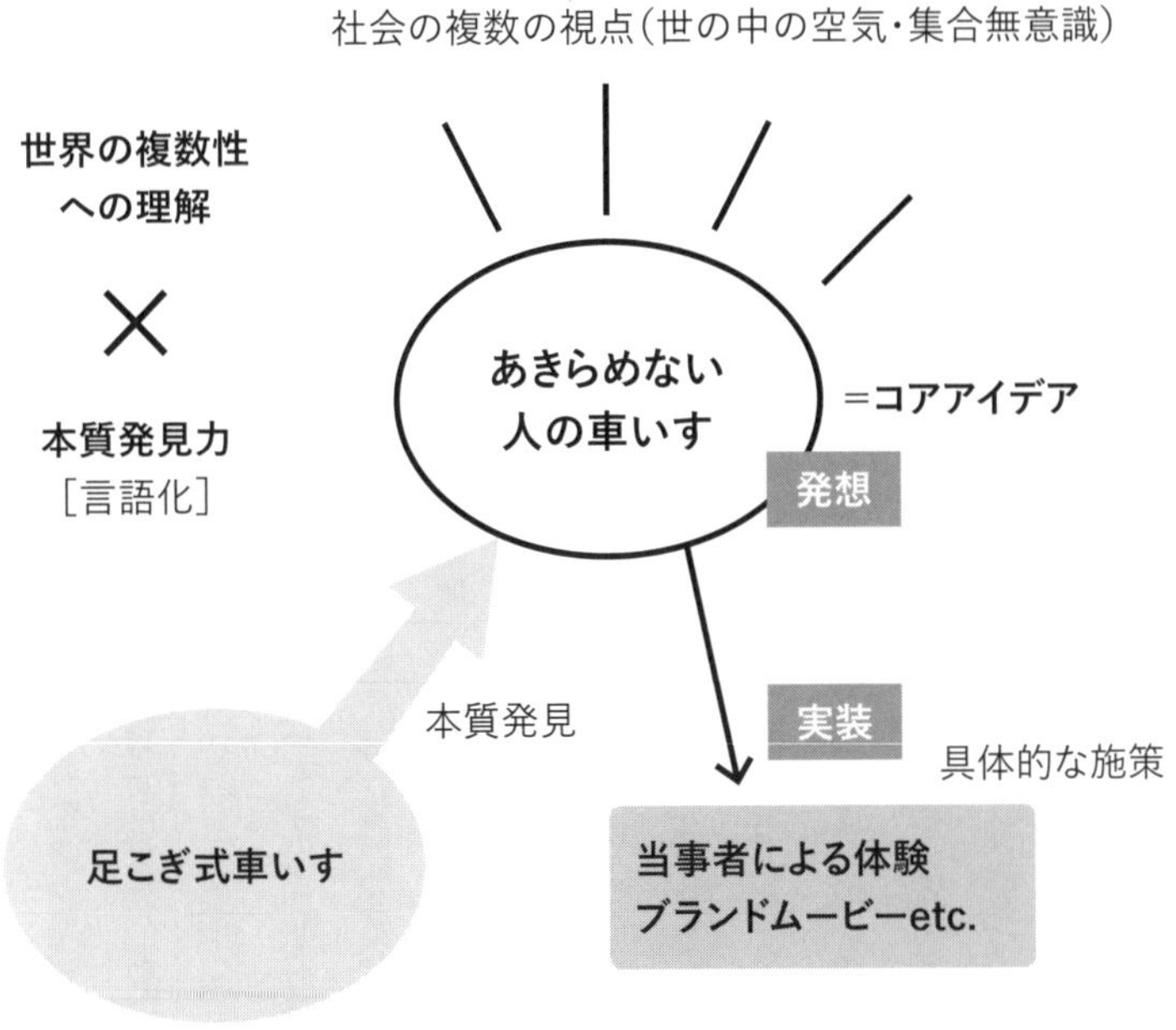


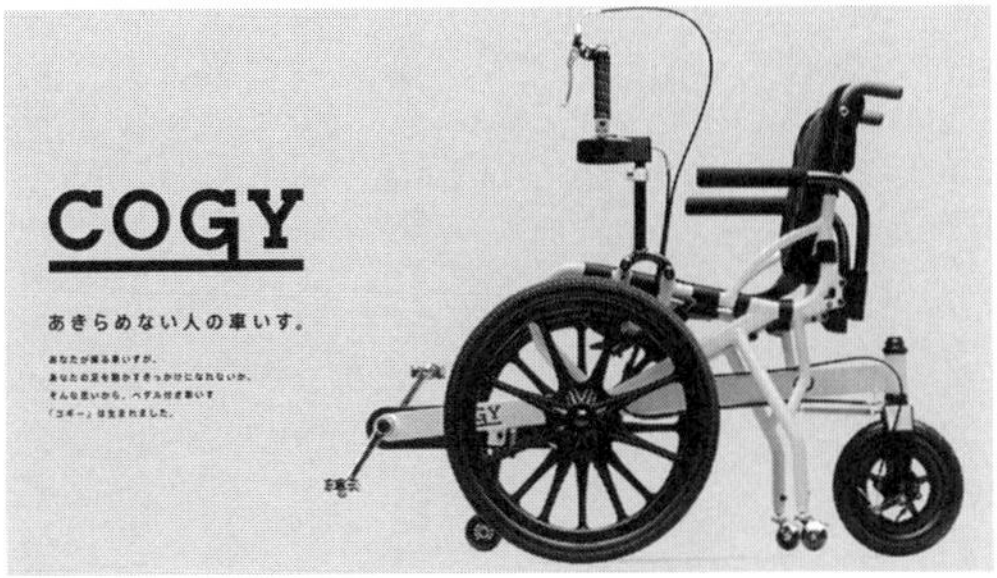


COGY／わずかな力をかけるだけでペダルが前に出て、「原始的歩行中枢」が刺激される。するともう片方の足が反射的に動くというニューロモジュレーションの原理を応用した画期的な車いす。

一つの物事は一枚絵ではありません。自分の視点という枠を一度開放して、世界の複数性に気づき、多面的・複眼的にその本質を考えます。そこではじめて、「ＣＯＧＹとは、自分の足で動くという夢をあきらめないための道具だ」というコアアイデアが生まれるのです。

コアアイデアが立ち上がれば、「ＣＯＧＹユーザー＝あきらめない人」をヒーローにするために具体的にどういうプロモーションに落とし込むかという「実装」はスキルの部分です。例えば、「あきらめない」を体現する女優を起用してイベントを仕掛けてみようとか、当事者の方々が商品を体験する様子を収めたブランドムービーをつくろうとか、ＥＣサイト（自社の商品やサービスを販売するウェブサイト）の効果効能の説明を実際のあきらめない人＝ユーザーの生の声・インタビューで構成しようとか、予算と時勢をふまえた方法が導かれます。

これがコアアイデアから新しい価値を生むクリエイティブの思考プロセスです。そもそもアイデアとはＩＤＥＡ（イデア）、プラトン哲学でいうところの「真の実在」という意味です。そのものの社会における理想のあり方を考えるのがアイデアなのです。

「本質発見力」×「世界の複数性への理解」を踏まえて落とし込まれた具体的な戦略は、表現手段と目的とするターゲット層がずれている、アプローチ法は面白いけどブランドイメージをはき違えている、クライアントの満足度は高いけれど世間受けは悪いといった事故を回避するのにも役立ちます。

企画を考えるときに一番ダメなのが、では商品を売るために、話題のこのタレントで仕掛けようとか、どんなウェブキャンペーンだと費用対効果が高いだろうかとか、いきなりアウトプットを考えること。多くの人がやってしまいがちなこのパターンは単なる思いつきで、一見良さそうなものが出てきても、予算や社内のさまざまな人からの意見や対外的な折衝の中でどんどんブレて変容してゆき、新しい価値を生み出すに至らないことがほとんどです。たまたまうまく行くことがあっても、再現性も汎用性もありません。

つまり、企画を考えるときに企画から考えてはいけない。必ずコアアイデアから考えます。そのブランドの、その企業の、そのカテゴリーのあるべき本質的な姿、理想のあり方を考えて言語化する。本質から生まれたコアアイデアのある企画が人の心を動かし、社会に届くのです。

## ロジックを突き詰めた先にアイデアは生まれる

クリエイティブをめぐる誤解でしばしば見かけるのが、最終的なアウトプットだけを見て、このひらめきや直感はすごいなと評価を下すことです。もちろんアーティストやクリエイターには直感力に優れた人が多くいますが、直感だけでは現実的な仕事において脆弱で、むしろ、ロジカルな思考や徹底的にマーケティングを積み重ねていることがほとんどです。そうしたロジカルなプロセスを突き詰めた最後に思考のクリエイティブジャンプがある。

こと広告のコピーライティングは、一見、発想力や言い換えのうまさの勝負と思われがちですが、例えば糸井重里さんの「おいしい生活」という名コピーは、単なる思いつきから生まれた言葉ではありません。飛行機にのっているときに「機内食で、お茶漬けが出たらいいのにな」と思ったことが着想のきっかけだったそうですが、そこに至る過程は間違いなく思考の積み重ねとして存在します。

「今は、どういう時代なのか」

「消費社会で生活者が本当に欲しているのは何なのか」

「西武セゾン文化として今、何を提案するべきなのか」

こうしたロジカルな問いを重ねる思考の筋道から生まれます。糸井さんは、「『おいしい生活』というコピーをつくったのは１９８２年のことだったけれど、その頃の『よりよい生活』という概念に対して、もうそういう時代じゃなくなっているよ、というメッセージを放り投げたつもりだった」（「ほぼ日刊イトイ新聞」）と書いています。

　こうしたクリエイティブが生まれるまでの思考は優れたマーケティングであり、企業と社会との関係性をあぶり出す作業であり、時代に対する批評でもあります。言葉による論理の積み重ねはコアアイデアにたどり着くのに一番実直で、早い方法とも言えます。西武百貨店の本質と時代の空気を摑んだからこそ、「おいしい生活」という言葉は一世を風靡《ふうび》し、その時代の代名詞として逆に時代を超越した強さを手に入れました。

　もう一つ、広告のコピーライティングを例に取り上げましょう。リクルートが発行する結婚情報誌『ゼクシィ』。その広告に、こんなコピーが用いられていました。

　結婚しなくても幸せになれるこの時代に
　私は、あなたと結婚したいのです。

　このコピーを用いたCMは、広告雑誌『月刊ブレーン』が実施した読者アンケートで最多の票を集め、２０１７年のグランプリに選出されました。

　多くの人の心を捉え、高い評価を得られたのはなぜでしょうか。この案件を担当したコピーライターの坂本美慧《みさと》さんは僕の博報堂時代の後輩なのですが、彼女はきっとこう考えたはずです。

今の世の中、「必ずしも結婚する必要はない」という風潮が強まっている。結婚する人が減っている時代に『ゼクシィ』という雑誌の本質的価値、伝えるべきメッセージとは何だろうかと。

「学業を終えて社会人になり、やがて結婚して子どもを授かり、育児に奮闘しつつ仕事に精を出し、定年を迎え、孫ができて、老後を迎える」——そんな人生の定型文に、かつて「結婚」は組み込まれていた。だが多様な価値観や生き方が認められるようになった今、結婚は必須でなくなった。個人がそれぞれ幸福を追求するうえで、選択可能な手段の一つに過ぎない。でもむしろ、自らの意思で主体的に選び取るものだからこそ、過去にはなかった輝きや彩りが現代の「結婚」にはある。結婚とはライフステージではなく、ライフスタイルなんだ——。

コピーライターはそんなロジカルな思考を綿密に重ねたのでしょう。「結婚は〝社会制度〟から〝個人の幸福追求の手段〟へと変容している。その価値を社会に伝えることが、とりもなおさず『ゼクシィ』の価値を伝えることだ」——そう見抜いたとき、コアアイデアとしての名コピーが生まれたのだろうと思います。

「結婚しなくてもいい時代」という、結婚情報誌にとって目を背けたいはずの事実をあえて言語化したところにこのクリエイティブの肝があります。マーケティングの視点を織り込んだロジカルな思考のプロセスを経たからこそ、この時代における結婚という営みの新しい価値を発信することができたのです。

「おいしい生活」の時代と違ってSNSがある現代では、共感を生む言葉は瞬く間にシェアされます。「結婚しなくても幸せになれるこの時代に――」のコピーは若い世代を中心に広く拡散され、単に『ゼクシィ』の存在を広く知らしめるのみならず、現代社会における結婚の意味を考えさせるきっかけとなりました。

このように、ロジカルな思考とクリエイティブは地続きです。実際のクリエーションでは、作業の99%ロジックを突き詰めた先に、最後の1%クリエイティブジャンプとしての発想がある。

人はジャンプするとき、中空に跳ねるとき、膝を中心とした体を屈伸させて力を凝縮させます。思考のジャンプにもこの屈伸による凝縮が必要です。思考における屈伸とは何か？　それは、**自分自身の感覚に対する内省**です。

ここに至るまでのロジカルな思考の積み重ねには当然のことながら自分以外の外部ファクターが重要です。ブランドのこと、顧客のこと、社会のこと、さまざまな情報を統合し、思考を広げ、整理していきます。しかし、最後の最後、クリエイティブジャンプに至るときには、それらすべての要因をいったん忘れ、自分自身と向き合うのです。

電通で数多くのヒットCMを手がけるクリエイティブディレクターの東畑幸多は、CMの企画を考えるうえで「自分の感動した記憶」を集めると言います。SNS出身の作家として近年多くの支持を集める岸田奈美は、文章を書くうえで、自分自身に取材することが大事だと言います。いずれも、自分自身の感動・感情を丁寧に見つめること、そしてそれが起きたメカニズムを再現する思考の重要性を語っています。

外部要因についての思考を論理的に突き詰めて、いい企画が生まれるためのフィールドを限定します。その後、ラストワンマイルは個人が感動するかどうかにかかっています。どれだけ正しいこと、意味のあることを言っても、感情が動かなければ、人間の行動は変わりません。素晴らしい広告が得てして泣けるもの、笑えるものなのは、「人を動かすために感情を動かす」という目的に沿って厳密に設計された表現物だからなのです。

そして、感情を動かせるかどうかについての、最も信頼に足る基準は、自分自身の感情が動くかどうかです。それまで、外部・社会・対象に開いていた思考のフォーカスを一気に自分自身に当てる。自分だったらどうすれば感動するか、何があれば行動を変えるか。

これは、意外に厳しい、難しい作業です。人は思いの外、自分に照れるし、自分に嘘をつくからです。このときに、妥協したり、自分自身をごまかしたりしてしまうと、論理的には正しいが、何かつまらないものが出来上がります。

本当に自分が感動するか、自分の行動が変わるか、自分がその企画にワクワクできるか。自分自身と思いっきり向き合って、自分が心から信じられる企画を、自分自身の感情・感覚の中からつかみ取る。この最後の過程をクリエイティブジャンプと呼ぶのです。もしかしたらそれは、思いつくというよりも思い返すのに近い思考の体験かもしれません。

## 「欲望のサイズと強度」が現実を切り開く

ここまで、クリエイティブとは、非連続な成長を促し、新たな価値を生み出す多面的思考法であること、価値の生産と発見の2つのレイヤーからなること、その核心にはコアアイデアがあることをお伝えしてきました。

「個人」と「思想」の時代になったからといって、実社会で新しい価値を生み出すことは容易《たやす》いことではありません。現実ではさまざまな壁につき当たります。画期的なコアアイデアを持っていたとしても、現代的な多くの仕事の場面では形にするにはチームの力が必要ですし、極めてクリエイティブな作品やプロダクトが出来上がっても、最初から期待した反響を得られない場合もあります。

僕は若手のクリエイターが壁にぶつかって、「自分には才能がないので……」と言うのをたびたび耳にしてきました。

しかし、そもそも才能とは何でしょうか。何か目覚ましい能力がないと価値は生み出せないのでしょうか。僕は、才能よりも圧倒的に大切なのは、「欲望のサイズと強度」だと思っています。

例えば「この世から戦争をなくしたい」という大きな欲望を抱くことができるか。またそう思っている人は無数にいても、マハトマ・ガンディーほどその欲望を強烈に抱き続けた人はいなかった。非暴力・不服従の思想を編みだし、民衆を巻き込んだ何十年にもわたる行動によってそれを体現し続けた人はいなかった。

多くの人を感動させたいと曲をつくってきたミュージシャンは山ほどいても、その中で坂本龍一が超一流と呼ばれる存在になれたのはなぜでしょうか。教授は「見たことのない山に登りたい」という比喩をよく使いますが、10代の頃に抱いた「誰も聞いたことのない音を作りたい」という大きな欲望をずっと持ち続け、ＹＭＯでテクノポップ文化の中心となり、名だたる映画の音楽を手掛け、今なおそのサウンドを更新し続けている。

夢を叶える人と、途中で挫折する人との違いがここからわかります。

生き残るのは、大きな欲望を抱き、それを持ち続けた人です。自分の家族さえ平和であればいいと思う人と世の中のさまざまな不幸をなくして問題解決をしたいという人との差、自分の歌を彼女に聴いてもらって満足する人と世界中に届けたいと思う人との差といってもいい。欲望のサイズが実現できる未来のサイズを決めるのです。

これは自分の仕事をどう捉えているかとも密接にかかわっています。例えばこの本でいうなら、年間の刊行点数を埋めなきゃいけないからちょっと話題のクリエイターの本でも出しておくと思うか、日本人の働き方を刷新しクリエイティブエコノミーを進化させる歴史の一ページをつくると思うか。あるいは家電製品のモデルチェンジを、毎年のルーティン作業と思うか、コロナ時代に家で過ごす時間を豊かに変えるイノベーションだと思ってつくるか。

80年代初頭、アップルの社長を探していたスティーブ・ジョブズは、当時ペプシコーラの社長を務めていたジョン・スカリーをこう口説き落としています。「残りの一生を砂糖水を売って過ごしたいですか、それとも私と一緒に世界を変えるチャンスを手にしたいですか」と。アップルはただの情報デバイスをつくる会社ではない、世界を変えるプロダクトをつくっているんだという強烈な自負があったのです。自分の仕事の意義を社会の大きなスケールの中で捉えている人はクリエイティブで、間違いなく仕事の精度も高まります。

強く望んだ者だけが、目的地にたどりつくための道のりを歩みはじめます。逆にいうと今はＡＩが筋道を示したりクラウドファンディングで資金を集めたりＳＮＳで仲間を募ったりと、道のりとしての選択肢は豊富で、ロジックの積み重ねはしやすくなっている。ただ、起点となる欲望だけはロジックからは生まれません。

僕自身の最大の欲望は、現代社会においてクリエイティブの価値を高めたい、この一点に尽きます。僕は広告クリエイターとして初のノーベル平和賞をとりたいと本気で思っています。広告クリエイターとして世の中を良くしたい、平和にしたい、人間はクリエイティブの力によって戦争を止めることだってできるということを、世界に対して証明したい。これは僕が平和主義者だからではありません。世の中で不可能と思われていること、どうせダメだろうと人がやろうとしないこと、圧倒的に不利なもの、負けそうなものを、予想を覆《くつがえ》して勝つことに異常なまでの執着心があるからです。自分でもちょっとクレイジーだなと思うほどに。

柔道家、小説家……なりたい職業はいろいろありましたが、僕がなぜ広告クリエイターになったかといえば「一発逆転できる仕事」だからです。大手が業界を牛耳る中でどう考えても不利なビジネス、良心的なつくりなのにさっぱり話題にならない商品、成功の可能性は１％もなさそうなスタートアップ……これが経営コンサルタントなら、そんなものはやめときましょう、採算の悪いものは切り捨てよう、と言うでしょう。

でも1%の可能性に賭けて、徹底的に戦略を練り、勝ち筋を見出して挑戦する。その会社のCMが死ぬほど面白かった、商品のコンセプトがあまりにも斬新、あるいは誰も見たことのなかった未来の萌芽があるといったわずかな可能性を武器に挑み、活路を見出す。そんな奇跡が起きることを信じて挑むのがクリエイティブなのです。

恵まれた強い者が勝つ。それだけだったらコンサルや銀行で働けばいい。しかし持たざる者、小さき者が勝つには、常識や世界の仕組みという一番巨大なものに喧嘩を売れるとしたらクリエイティブしかない。

僕の好きな格闘技に例えるならば、普通に考えれば体が大きくて運動神経のいい選手が強いに決まっています。でもデカくて動きが速い人だけが勝つなら格闘技はいらない。武道の「武」は矛を止めると書き、柔道も「柔よく剛を制す」と言います。理不尽な暴力や、常識で考えれば絶対に勝てない不利な状況をひっくり返す技術として格闘技はある。異能の格闘家・青木真也は見た目はほっそりしていますが、独自のスタイルで自分より強そうな相手を次々とリングに沈めてきました。

あるいはヒップホップもまた、持たざる者たちのクリエイティビティから生まれた文化でした。70年代ニューヨークのブロンクス区でアフリカ系とヒスパニック系の若者たちが、歌も習えない、楽器も習えない状況で、壊れたレコードプレーヤーをガチャガチャ動かしながら口喧嘩している様子が徐々にラップになり、DJ、ブレイクダンス、落書き（グラフィティ）と融合して全く新しいストリートカルチャーをつくり上げました。それが今では世界でもっとも大きな金を動かす音楽になっている。何一つ持っていない少年少女たちが成り上がるための音楽として、ヒップホップは生まれた。

聖書で少年ダビデが石投げ紐という一点突破で巨人ゴリアテを倒したように、NARUTOも、ONE PIECEも、個性豊かなメンバーが卓越したチームワークで巨大な力に立ち向かうように、小さき者・弱き者たちが一発逆転する技術——業界や社会を支配する巨象たちに挑み、下剋上を可能たらしめる技術、それが超クリエイティブなのです。

クリエイティブな思考と生き方はとてつもなく面白く、あらゆる仕事に汎用性があり、それは社会全体を必ずよい方向へ向かわせるという確信があります。

「サイズと強度」の大きい欲望を胸に秘めた人間は、困難な局面でも折れません。個々の才能の程度など、欲望のスケールが生む継続性に比べたら、僅差でしかない。

クリエイティブは特別な才能がないとできないことではありません。個人と思想の時代において、一人ひとりの働き方と生を輝かせ、社会の中で価値を生む、強力な思考のスタイルであり、生き方なのです。

# 第2章

# クリエイティブの新起源

## 人類最初のクリエイティビティの発露

僕たち人類は、どのようにしてクリエイティビティを獲得したのでしょうか。人間社会だけがなぜクリエイティブを探求し続けてきたのでしょうか。

本章では、歴史的な視点から、クリエイティビティの誕生と進化の過程を紐解きます。価値を生み出し、発見するという人間的営為の起点に何があったかを知ると、共同体や文明の非連続な成長を生んできた思考法の本質を理解できるからです。

まず先史時代、ヒトが群れをなして暮らし始めると同時に、コミュニケーションの必要性が生じました。集団生活を円滑に営むうえでは、お互いの意思疎通が欠かせません。例えば、「あっちの方角にイノシシがいるぞ。みんなで狩りに出よう」といった具合に。

作家の村上龍は『愛と幻想のファシズム』（講談社文庫）の中で、「狩猟はそれ自体がすでに快楽だ」「探索、追跡、襲撃、解体、運搬、それらの長い長い過程そのものを、神は快楽となるようにしてくれたのさ、狩りによって俺達は人間になった」と書いていますが、サルを人間に進化させたものとは、あの獲物をなんとしても狩るぞ、狩って食べるぞという巨大な〝欲望〟だったのでしょう。

人間は他の野生動物と比べたときに、走る速度がそれほど早いわけでも、鋭い牙や爪を持っているわけでもありません。さまざまな自然の脅威の中でサバイバルをして狩りをするには、個体では覚束ない。チームとして行動しなくてはいけない。そのために円滑なコミュニケーションが欠かせません。

自分の意思を「誰かに伝えたい」「仲間にシェアしたい」という強い欲望——これが人間のクリエイティブの源泉である、と僕は考えています。

言葉も文字もない時代の人類のコミュニケーションは、何らかの発声や身振りを介した一対一の対話だったと考えられます。自分が伝えたいことを10人に伝えるには、同じ対話を10回近くも繰り返す必要があったはずです。古代の人間はそこで、一つの発明をします。

「そうだ、絵を描こう」

絵で表せば、自分が伝えたいことを多くの仲間たちにいっぺんに伝えられる。水平方向へのコミュニケーションが一気に拡張しただけではなく、たとえ自分がいなくなっても絵が残ることで、子孫に自分の思いを伝え続けられる、とまで考えたかもしれない。過去と現在を踏まえて未来に何かを伝えるという時間意識もまた拡張した。

伝達手段としてのビジュアライズは、今では当たり前のことでも、古代においては画期

ラスコーの洞窟壁画（photo by Getty Images）

的なアイデアでした。

現代でいうなら、「クラウドファンディング」が発明されたほどの大きなジャンプです。お金はコツコツと貯めるか銀行に融資してもらうしかなかったのが、何かを実現したい個人の思いをネットでシェアし、共感した人に少しずつお金を出してもらう仕組みがお金の集め方の大転換だったように。

「絵画」という新たな表現フォーマットを開発した古代の人類は、空間的規模と時間的距離を超えて自分の思いを伝えることが可能になり、それは文明の非連続な成長を促しました。フランス南西部のラスコーの洞窟壁画は、人類最初のクリエーションと呼ぶにふさわしい、力強い造形美を宿しています。

約2万年前に描かれたこの壁画は、牡牛や鹿の絵が大胆なタッチで描かれ、自由で野性的なエネルギーに満ちています。最新の研究では、ここに描かれた動物たちは夜空の星座を表しており、天体現象を記録したものであることもわかってきています。

この壁画が、容易に手に入ったであろう草木から抽出した染料を用いていたなら、絵はとうの昔に流れ落ちてしまっていたでしょう。しかし当時のクロマニョン人たちは、岩などから顔料をつくる知恵を編み出し、2万年の時を経てもなお鮮やかに浮かび上がる壁画を残すことに成功していることに、感嘆の念を覚えます。

伝えたい、残したいという思いが技術的なブレイクスルーも生みました。ラスコーの壁画とは、古代の記憶を今に伝える貴重な史跡であるだけでなく、人類のクリエイティビティの最初の発露として捉えることができます。

## 問題解決の手段としての宗教

時代が進んで人口が増えていく中、古代社会において戦争、飢饉、疫病といった諸問題が人々を悩ませます。社会がその規模と複雑性を増すにつれ、さまざまな課題が生まれます。格差が生まれ、抑圧され、虐げられた人々の苦しみが溢れていました。

そんな社会問題を解決したいと強く欲望し、既存の社会システムを刷新する思想を持った人間が現れた。すなわち「宗教」の誕生です。歴史的にみて宗教は、非常にクリエイティブな〝社会的な救済装置〟として捉え直すことができます。

仏教が誕生した紀元前5世紀頃のインドを例に挙げると、バラモンを頂点とする厳格な身分制度（カースト制度）が敷かれ、卑しき身分とされた人々は過酷な境遇に身を置いていました。その人種的・職業的差別に強く反対し、「四姓平等」を掲げて平等な社会を目指したのがガウタマ＝シッダールタ（釈迦）でした。

凝り固まった社会制度をゆさぶることは至難の業です。誰か一人が「カースト制度反対！」と叫び始めたところで、大きなムーブメントにつながりにくい。しかしあまりに不平等な身分制度という社会課題の解決に、「四姓制度を内面的に打破しようとした」（和辻哲郎『孔子』岩波文庫）のが釈迦でした。

バラモン教における、現在おかれている身分は前世の行いの結果であり、耐えて罪のつぐないをすれば来世で良いカーストに生まれ変わるという輪廻転生の思想に対して、人は現世の行いによって現世で解脱できると説いたのが釈迦です。「理不尽なつらい現実も耐えていれば来世ではいいことが待っている」と思い込んでいた民衆に、現世で正しい生き方をせよ、中道を歩み、煩悩《ぼんのう》を取り払って悟りを開け、そうすれば生の苦しみから解脱できると説いた。来世ではなく、今の生き方を説いた「仏教」というコアアイデアは、それまでの世界観を180度ひっくり返しました。

徹底的な平等主義と、自ら考え、悟るという人間中心主義に貫かれた原始仏教は、多くの民衆の心を惹きつけ、行動を変え、社会を動かす力となったのです。人間の苦しみをどう解決するかを徹底して突き詰めた結果生まれた宗教思想は、非常にラディカルでクリエイティブな発明でした。

もちろんこれは仏教に限った話ではありません。キリスト教の誕生においても、ローマ帝国の支配下におかれた民衆の飢えや苦しみ、戒律を押し付けるばかりのユダヤ教による「信仰の形骸化」という社会問題がありました。そこにイエス・キリストは「神は愛なり」と説いた。神の人間に対する無償の愛（アガペー）にならって、神を愛し、隣人を愛しなさいという教えは、その後のヨーロッパの政治・文化に絶大な影響を与え、西洋文明の礎《いしずえ》となった。圧殺されていた民衆に向かって「汝の敵を愛せよ」と言ったのは、考えてみればなかなかにアナーキーな価値転換と言えます。

ちなみに、聖書は広告クリエイターから見たときに名コピーの宝庫です。

・人はパンだけで生きるにあらず。

・狭き門から入れ。
・求めよ、さらば与えられん。
・剣を取る者は、剣で滅びる。
・幸いなるかな、心貧しき人。天国はかれらのものである。

一度聞いたら忘れられない、ドキリとするフレーズだと思いませんか？　時代を動かした宗教家はすぐれたコピーライターでもあったと思います。

世界のさまざまな宗教は、「社会課題の解決」と「コミュニティ形成による意思統一」を起点としたクリエーションとして説明可能です。社会の問題解決とクリエイティビティは密接な関係を結んできたのです。

## ルネッサンスという大転換点

クリエイティブ史を振り返ったときに、宗教の発明以降でもっとも僕が興味深く感じるのはルネッサンスです。14世紀のイタリアに始まったギリシャ・ローマの古典文化を復興しようとした文化運動は、それまでの神と人間の関係の中で設定されていた世界観を覆して人間中心の価値観を確立し、その後の西欧文明に大きな影響を及ぼしました。今、僕たちが当たり前のものと思っている、個人の尊重とか、自由意志といった価値観は、ルネッサンスがなければもしかしたら世界でスタンダードなものにはなっていなかったかもしれません。

興味深いことに、ルネッサンスへの道を開いたのは、中世のヨーロッパにおいて「黒死病」と恐れられた、ペストのパンデミックでした。教会の権力が強大だった当時、疫病に罹《かか》ることは「神が下した罰」と見なされていた。ところが、感染の波はやがて聖職者をも飲み込みます。「信じる者は救われる」と説いていたその人までもが疫病で命を失うようになると、民衆は教会権力に対して疑念の眼差しを向け始めます。

教会の権威は失墜し弱体化していく中で台頭してきたのが、農民たちです。当時は戦争も続発し、働き盛りの男たちの多くが戦死し、ペストの感染拡大が重なったことにより、働き手の絶対数が大幅に減少し、それまで土地を持つ封建領主に隷属していた農民がその地位を相対的に高めていくことになります。

こうして特権階級が没落していく中で、市井の民が力を持つ時代がやってきました。鎖を解かれた彼らは、羅針盤をつくって移動の可能性を広げたり、活版印刷を生み出して表現活動を加速させたりしました。大海に乗り出した商人たちは莫大な富を得て、芸術や学問への資金的な援助をするようになります。

その先にルネッサンスが開花したのです。「人間は神によってつくられた」という考えから脱却し、人間そのものや個性を肯定する人間中心主義への大転換。ここからまさに社会の大変革が起こっていくことになります。

実は、日本の歴史においても、パンデミックを機に社会が大きく変化した事例を見つけることができます。8世紀前半、奈良時代に起こった天然痘の大流行です。

当時の人口の25%以上にあたる100万人以上の死者が出たと言われ、政権を担っていた藤原四兄弟も相次いで病死し、国家が被ったダメージは甚大でした。

この時代、仏法による国家の守護・安定を念願する「鎮護国家」の思想が基盤となっていました。天然痘の流行以外にも、干ばつや飢饉、地震や戦乱などが相次いでいたこともあり、社会不安を取り除くため、聖武天皇は仏教に救いを求めます。日本各地での国分寺の建立と、東大寺盧舎那仏《るしゃなぶつ》像（奈良の大仏）の建造を命じました。

しかし、それには莫大な資金を要します。国家財政だけでは賄《まかな》いきれず、貴族や寺社からの寄付が欠かせません。それを促すために新たに設けられたのが、墾田永年私財法（743年）です。

当時は公地公民制が敷かれており、すべての土地と人民は天皇に帰属するとされていました。民は朝廷から土地（口分田《くぶんでん》）を与えられ、税を納めるという仕組みです。それが見直され、自ら開墾した土地は自分のものとしてよいとする墾田永年私財法が制定されると、貴族や寺社は積極的に私有地を広げていきます。こうしてつくられていった田畑は「荘園」と呼ばれ、資本家（貴族や大寺社など）と労働者（農民）の関係性がより明確になっていきました。

土地が個人の所有となったことで、富を生む農地の争奪戦が始まります。守るにも、奪うにも、必要なのは武力。この頃から武士が誕生し、日本は「武家社会」へと大きく変容していくことになったのです。

以上2つの歴史を整理すると、「感染症」の発生↓「権威の失墜」↓「新制度」の誕生↓「大改良」（ヨーロッパでいうと羅針盤や活版印刷、日本では荘園制度）↓そして「社会変革」（ルネッサンス、武家社会の到来）と変化したことがわかります。

この歴史の構造的変化を理解すると、7章で詳述しますが、今回の新型コロナウイルスが社会変革の端緒になることは容易に理解できますし、来たる社会の形もクリアに分析できます。

ルネッサンスは、単に芸術的な表現様式ではなく、社会全体の根本的な価値の変化をともなったクリエイティビティの大躍進でした。この時期に多様な才能がキラ星のごとく現れましたが、中でも最大のスーパースターがレオナルド・ダ・ヴィンチでした。

## 手口ニュートラルな天才、レオナルド・ダ・ヴィンチ

画家のみならず発明家でもあったレオナルド・ダ・ヴィンチ（1452－1519年）は、建築や幾何学、解剖学、生理学、天文学、地質学、土木工学などで目覚ましい功績を残しました。宗教画とか文学とか、表現手段が限定されなかった〝手口ニュートラル〟な天才です。ヘリコプター、羽ばたき飛行機、装甲車、自動車、ダイビングスーツ、大量の解剖図、鏡文字……と世界と人間に対する圧倒的な興味を一つの手口に縛られずに、フリースタイルでそのときどきでもっとも適切な方法でクリエイトしました。

手口ニュートラルというのは、博報堂ケトルの設立者・嶋浩一郎の言った言葉ですが、アウトプットの手段を選ばない点において、この会社はまさに広告のルネッサンスでした。従来、広告代理店のビジネスモデルは、メディアを売ることでした。テレビ局のCM枠や雑誌の広告枠を電通、博報堂が取次になってクライアントに売るという商売。そこにどういうCMなり広告を載せるかはサービスとしてやってきたのでした。

博報堂ケトルのビジネスモデルはメディアを売るのではなく、クライアントの広告をつくることを商売にしたという点で画期的でした。メディア枠がありきではなく、「今回は

ポスターで仕掛けましょう」「ウェブでバズるキャンペーンはどうだろう」、あるいは本屋大賞そのものをつくったり、プレミアムモルツのPRで『課長島耕作』とコラボして島耕作の社長就任記者会見を企画したりと、手口が多種多様です。

「恋と戦争は手段を選ばない」というのが彼らの社是ですが、メディア中心主義から企画中心主義というルネッサンスを起こしたわけです。

ダ・ヴィンチは、いわば神中心主義の時代から人間中心主義に変わりゆく中で、人間に対するとてつもない興味、探究心を持っていました。僕が一番感動するのは人体解剖図です。骨格・内臓・筋肉・神経・組織まで精密に描きつつ、高度なアートにもなっている。アートでありながら解剖図にもなっている。解剖図もモナリザもまた、すべて人間とは何かという普遍的な問いに対するダ・ヴィンチなりの仮説なのでしょう。アウトプットの仕方は多種多様ですが、人間存在に対する異常なまでの好奇心があの作品群を生み出したのです。

## 千利休というクリエイティブディレクター

15世紀半ばから16世紀に西洋諸国に広くルネッサンスが波及する頃、日本は群雄割拠の戦国時代を迎えていました。この時期、日本史上初のクリエイティブディレクターともいうべき千利休が現れます。これは著作家の山口周さんが『世界のエリートはなぜ「美意識」を鍛えるのか?』（光文社新書）で指摘していることですが、千利休は自身のクラフトによってではなく、総合的な文化のディレクションによって新しい価値を生み出した天才です。

「わび茶」自体は室町時代からあったものですが、スポンサーの秀吉とタッグを組んで、「禁中茶会」「北野大茶湯」といった大規模イベントをプロデュースしたり、小さなにじり口を通ってしか入れない二畳の茶室を設計したり、茶道具のデザインから、「茶庭」の庭園様式、お点前の作法まで確立して、いわば茶の湯のルールをデザインしました。新しいルールをつくったことで茶の湯を総合芸術として日本文化の頂点にまで高めたのです。

非常にセンスのよい審美眼と精神性で、利休は「わび・さび」という美の基準を完成させました。「華美なものより、不足しているものこそが美しい」という美的感覚への転換は、高価な茶碗や派手な演出が流行っていた当時の価値観を根底から覆したという意味において、最高にラディカルでした。

新たな世界観をつくり出したルールデザイナーともいえる利休は、当時の天下人、豊臣秀吉と昵懇《じっこん》になり、ついには文化のみならず政治にまで強い影響力を持つに至ります。

一人の茶人が地味でいびつな茶碗を指さし、「これこそがすばらしい」と言い始めた。今でこそ共感は可能ですが、「わび・さび」なる共通の価値観を持たない世界では「こいつは何を言っているんだ?」と首を傾げられても仕方ないでしょう。しかし利休は、極端なことを主張して珍しがられた人、では終わりませんでした。その感覚、価値観は民衆に広く受け入れられたばかりか、時代を超えて21世紀の現代を生きる日本人の心にまで深く根付いています。

「わび・さび」が、利休の死後400年以上が経った今も日本文化を象徴する概念であり続けられているのはなぜなのか。

理由の一つは、〝引き算〟によって成り立っているからです。

「わび・さび」とは、引くこと、外すこと、「足るを知る」美学とも言えます。欠けているものこそよい「不足の美」。今風にいえば、これは非常にコストパフォーマンスがいいしエコです。お金やモノがミニマムで済む美的感覚は、サステナビリティ(持続可能性)が高かったと言えるのです。

戦国時代、民衆の暮らしは決して楽ではありませんでした。戦の絶えない日々に、求め続けることに対しての虚無感、余分なものを削ぎ落としたミニマルな価値観への憧憬のような集合的無意識が育《はぐく》まれていたのかもしれません。だからこそ、質素で完璧でないものに美を見出す「わび・さび」の価値観は、広く民衆に受け入れられていったのだろうと思います。

そう考えると、秀吉が利休の美学に傾倒したこともうなずけます。秀吉は、自らの権力を誇示するかのように、華やかで、大なるものを追い求めていました。豪奢《ごうしゃ》を好み、金箔を惜しみなく使い、聚楽第《じゅらくだい》などのような豪華絢爛な城を建てた。そうした足し算の価値追求に、秀吉のような権力者でさえ、いつしか疲れてしまっていたのかもしれません。

同じことが現代の社会でも起きています。利便性、スピード、効率を追求し続けてきた、GAFAに代表される外資系企業で「ZEN（禅）」の思想がもてはやされる。あるいは、アメリカ西海岸のビジネスマンたちが、スマホとパソコンのない日常を体験する2泊3日のデジタルデトックスに、何十万円ものお金を払って参加する。これらは、欲し続けることへの反動として生じた現象とも言えます。

アップルの創始者であるスティーブ・ジョブズも、禅に強い影響を受けていたことが知られています。「iPhone」は、多機能化しボタンがどんどん増える傾向にある携帯端末開発競争の中で、シンプルにボタンを減らす方向に舵を切った。これもまた、利休的な思想に極めて近いアイデアです。

「わび・さび」の世界観は、その時代その時代の資本主義、勝利主義、加速主義に対するアンチテーゼとして機能し続けるという特徴を備えているのです。

もう一つ、利休のクリエイティビティが廃《すた》れない理由は〝プロダクト〟と〝ルール〟をつくったことにあります。

それまで、クリエイティビティの表現手法は、絵画や文学、あるいは音楽などでした。かたや利休は、茶器という生活の中のプロダクトに意味を与え、茶道にまつわるルールを体系的につくり上げました。茶碗は誰もが使うものですが、質素でシンプルなほうがカッコいいよねという美のルールを社会の中で浸透させた。

クリエーションにおいては、新しいルールをつくった人こそ歴史的耐久性が強いという証左です。

## 「言葉にできない」ものをいかに解像度高く伝えるか

「わび・さび」というのは極めて感覚的な抽象度の高い美的概念です。これを言葉だけで伝えようとしたら非常に困難だったと思います。茶室という空間、茶器、掛け軸、茶花、一連のお点前、すべてが総合的に響き合ってはじめて、自らの美意識を解像度高く伝えられると感じたからこそ、千利休はそれらの要素を一つひとつ丁寧にプロデュースした。

「言葉にできない」思いや概念、美意識をいかに伝えるかに腐心してきたのがクリエイティブの歴史である、という見方もできます。

石器時代の人類が「このイノシシ、すごくうまいな」と感じる。

あるいは僕が、ある女性のことをとても好きだと思う。

脳内に浮かんだイメージ、「うまい」「好きだ」という感情を、どうにかして他者に伝えたいと願ったとき、あらゆる表現を駆使して再現を試みても、イメージや感情をそっくりそのまま提示することは不可能です。今目の前にある本の一ページですら、僕が感じる白さと、あなたが感じる白さはおそらく同じではない。

情報には、2つの種類があります。

一つは、シンプルなインフォメーションです。「西の方角にイノシシの群れがいる」だとか、「10時に六本木に集合」だとか、記号的に伝えることが可能なものがこちらに該当します。

もう一つは、インテリジェンス。「戦争は悲しい」「僕はあなたが好き」、あるいは「愛とは何か」「不足しているものほど美しい」といった抽象的な情報です。

前者を具体的に伝えることはそう難しいことではありません。後者は、高い解像度で他者と共有することが難しい。でも、人が切実に伝えたいのは、往々にして後者の情報です。

サルから人間へと進化していく歴史のどこかで、誰かがこの深いジレンマに気づいたに違いありません。自分が見ているものと他人が見ているものは違うかもしれない。僕たちは一生、伝わっていることを確認できないまま生きていく。埋めようがない差異の存在を認めることから生じる恐怖心や謙虚さ、あるいは絶望――それもまた、人類のクリエイティビティの起点だったのだと思います。

どうすればこの無形の気持ちに輪郭を与え、可能な限り忠実に再現して伝えられるのか、創意工夫が始まったのです。まさに、「言葉にできない」を形にし続ける営みの始まりです。

例えばフョードル・ドストエフスキーの『罪と罰』は、とても長い小説です。放校になった大学生の主人公ラスコーリニコフが「選ばれた非凡人は、世の中のためになるなら人を殺してもいい」と強欲な老婆を殺し、現場に居合わせた老婆の妹までも殺害してしまい、その後罪の意識に苛《さいな》まれるお話です。作者が何を書き表そうとしたのか、さまざまな読み方ができるでしょうが、僕の解釈を端的に言えばこうです。

「人間は、存在に対する苦悩を経て本当の人間に至る」

たった一行の言葉に『罪と罰』のテーマを集約していますが、ドストエフスキーが作品を通して表現しようとしたものとの間には、とてつもなく大きな隔たりがあります。

ドストエフスキーはある時点において、人間の犯罪の本質について極めて重要な気づきを得たのでしょう。それは人類にあまねく伝えられなければならないものだった。しかし、簡潔なキャッチコピーや短編小説を書いたところで、彼の頭の中にある鮮烈なイメージや情報は劣化した画像のように元の姿を失ってしまう。自分が得た壮大な気づきを、可能な限り高い解像度を保ったまま、他者の脳内に再現させるには何十万文字もの言葉が必要でした。

何万もの文字の配列によって唯一無二の情報が構築されるさまは、コンピューター上で使われるデジタルデータのようでもあります。「人間は、存在に対する苦悩を経て本当の人間に至る」という一文は、いわば圧縮されたファイル名。しかし、その中身には大量の情報が詰まっていて、データ量（ページ数）は多いし、ファイルの解凍（解読）には時間を要する。でもこの分量の一冊を読み切ってはじめて読み手の中に立ち上がってくる思考や感動があります。

『罪と罰』が書かれてから150年以上の歳月が流れましたが、ドストエフスキーの人間に対する深い洞察は、今なお現代人の頭の中に高い解像度で〝転送〟され続けているわけです。

同じことは絵画にも言えます。

パブロ・ピカソの代表作の一つ、『ゲルニカ』。これも「悲しい戦争なんてやめよう」の一言で、作品のメッセージを抽出することはできるかもしれません。しかしやはり、そんな短い言葉では、ピカソの心を覆い尽くしたであろう、空爆された都市の絶望、悲嘆や憤怒といった巨大な感情を再現できるはずがない。バラバラになった人や動物がキュビズム的表現で描かれたあの大作だからこそ、戦争のもたらす悲惨さとピカソの切実な叫びを世界中の人々に鮮烈に伝えることができたに違いありません。

表現者の内面で沸き上がった、どうしても他者に伝えたい何か。その膨大な情報量を、時間と空間を超えて、解像度高く転送する技術の模索がアートの歴史なのでしょう。

## アートと広告のクロスオーバー　アンディ・ウォーホル

クリエイティブ史に大きな足跡を残した人物として、もう一人、アンディ・ウォーホルを取り上げたいと思います。ウォーホルは言わずもがな、１９６０年代から80年代にかけてアメリカを拠点に活動し、『キャンベルのスープ缶』や、マリリン・モンローの肖像を多数並べた『マリリン・ディプティック』など、著名な作品を数多く残したポップアートの巨匠です。

もともと広告イラストレーターだったウォーホルの場合、アートの使い方が極めて広告的で、マスメディアの特性を知り抜いていました。

彼は、それまでコラムニストが担ってきたような大量消費社会への批評性を、アートによって試みました。ウォーホルは同時代の誰もが知っているマリリン・モンローやマイケル・ジャクソンのようなポップアイコン、どこのスーパーでも売られているようなスープ缶のイメージなどを多用します。それまでアートに持ち込まれることのなかった消費社会の象徴を大胆に取り入れ、同時代への批評性を高解像度にアートとしての表現にまで高めました。

ウォーホルが扱った同時代のアメリカのポップカルチャー、マスメディアで横溢《おういつ》したイメージは、非常に刹那的なものです。しかし消費されるアイコンは、刹那的であるがゆえに永遠性を獲得し得ると、彼は作品で証明したのです。

ウォーホルの作品は、すぐれた広告と共通する要素を多分に持っています。その時代の空気感をパッケージングした広告は、のちの世の人々の目に触れてなお往時の社会状況を鮮明に想起させます。

例えば、88年の西武百貨店のキャッチコピー「ほしいものが、ほしいわ」（糸井重里）

は、バブル絶頂期の日本の空気感を見事に伝えています。多種多様な商品が市場に溢れかえる中、金でなんでも手に入り、メディアで消費を煽《あお》られることに疲れた人々の持つ潜在的な無意識——自分が心からほしいと思うものにこそ出会いたい——をあぶり出しています。

すぐれた広告表現は、刹那的であるがゆえに永続性を獲得する、まさにウォーホルのポップアートに近しい現象が生まれるのです。ウォーホルは、広告的要素をアートに使った最初の人であり、現代アートの世界に多大な影響を与えました。アンドレアス・グルスキーから村上隆まで、その源流をたどった先にいるのは、ウォーホルなのです。

時折クライアントの方から、「三浦さん、アートと広告の違いはなんですか」と尋ねられます。村上隆とルイ・ヴィトンのコラボのような例をまたず、近年、アートと広告の融合例を多く目にすることができます。インテリジェンスを凝縮し転送する技術としてのクリエイティビティがアートの分野で探求されてきたとすれば、その同じ技術を、より卑近な利益獲得のために活用したのが広告である、という見方もできます。果たしてそうなのでしょうか？

興味深いポイントなので、ここで両者の違いについて考察してみたいと思います。

僕は博報堂時代に、両者の違いに関する一つの仮説を立てました。

「アートは問題の〝発見〟であり、広告は問題の〝解決〟である」

時代の空気を、言語化できないインテリジェンスを、アーティストは〝発見〟し、作品としてさまざまな形で表現する。それに対し広告は、もっと手前の身近な問題に対峙する。「このカフェオレが売れていない」「会社の利益が上がらない」といった、経済的課題をクリエイティブの力を駆使して解決しようとしてきたのが広告である、と。

ところが、僕自身が会社を経営するようになってから、この仮説が必ずしも正しくないと考えるようになりました。つまり、広告も問題を発見するべきではないか、と感じ始めたのです。

これまで書いてきたように、現代はあらゆるものがコモディティ化し、特別に意味があるものしか残らない時代です。そうした状況下では、企業がどんな思想を持っているのか、そして社会に対してどんな価値を提供できるのかが、マーケティングにおける極めて重要な差別化のポイントになってきます。だから僕の会社GOでは、問題の発見に踏み込んで、そこから何をすべきかをクライアントとともに考えていきます。

しかし、アートと広告が、いずれも問題を発見する行為だとすると、またしても違いが見えにくくなってしまいます。さらに思考を深めて行き当たったのが、「評価の時間軸」と「扱う情報の質」という答えでした。

アートのつくり手の意思には「すぐに理解されることはない」という不確実性を引き受ける覚悟があります。無論、作品の誕生後すぐにその価値を見いだされることが望ましいけれども、理解されるのにどれだけ時間がかかっても構わない。抽象度の高いインテリジエンスを表現しようとするアートは、そういう前提のもと生み出されています。

無論、最初に報酬の約束があって、発注によって仕事がスタートする広告と、誰からかの要請も予め約束されたお金もなく、内発的に作品をつくり始めるアートという違いもあります。

ゴッホの絵も、ニーチェの本も、彼らが生きている間に評価を得ることはありませんでした。ゴッホの絵は生前売れたのは『赤い葡萄畑』の1枚だけ、ニーチェの『ツァラトゥストラかく語りき』は生前7冊しか人の手に渡らなかった。しかし、それでも筆をおかなかった彼らの作品は、何百年もの歴史を超えて多くの人々の心を打つことになった。

一方、広告のつくり手の意思には「すぐに成果を出さなくてはいけない」という使命を果たす覚悟があります。発表後すぐに何らかの価値を発揮しなければなりませんし、扱う情報も具体的なインフォメーションが多く含まれます。「かっこいい!」「買いたい!」という消費者からの反響を即得られなければ役割を果たせません。もちろん、すぐれた広告がすぐれたアートと同様の道をたどり、販促効果を十分に発揮しつつも、後世においても時代を象徴するものとして評価されることはあります。

ウォーホル以降、アートと広告は近しい位置でクロスオーバーしていますが、このようにクリエイティビティの発露の仕方において決定的な違いを持っています。

## 映像の世紀の到来

大量消費社会におけるマスマーケティングを考えるうえで絶対に外せないポイントが映像です。絵画や文学といった表現手法とはまた異なり、映像は受け手の脳にダイレクトに突き刺さるクリエイティブ・ツールです。

映像史の起点になる人物が、19世紀後半に現れた、フランスの映画発明者にして世界初の実用カラー写真の開発者リュミエール兄弟です。彼らの大きな功績は、映像を制作するうえでの「編集」という概念をつくったことです。つまり、始まりと終わりのシーンがあって、その間に物語としての変化や展開がある。単なる映像記録から、人間の物語を紡ぐ映像、つまり現代の「映画」の原点が誕生した。

動きと音による表現である映像は、文字の羅列である文学より、あるいは動きも音もない絵画より、再現度の高い手法です。つくり手が伝えたいものを、一度に多くの人に、高い再現性のもとで伝えることが可能です。

映像が持つ圧倒的なリアリティは感情にダイレクトに響き、人の心を簡単に動かせます。脳への影響には即効性があり、場合によっては暴力的ですらある。

その効能に目をつけたのが、ドイツの政治家ヨーゼフ・ゲッベルスでした。アドルフ・ヒトラーに才能を見いだされ、ナチ党の要職を歴任したゲッベルスは、映画を政治のプロパガンダに利用することを思いつきます。どんな演説より、どんなチラシよりも、映像こそが人間の感情を誘導するのに便利な道具であることを彼は見抜き、国威発揚のためのプロパガンダ映画を数多くつくりました。同じ頃、日本でも同様に戦意高揚を図る国策映画が多く製作されています。田中絹代主演の『開戦の前夜』（1943年）などが有名です。

日本においては、映像を用いて人間の行動や意識を意図的にある方向へと向けさせる手法を踏襲したのは、戦後の復興を担った大企業でした。50年代～60年代にかけて、石川島播磨重工業（現IHI）や東芝、新日鉄などの大企業のPR映画が大量につくられたのです。

これは「産業映画」とも呼ばれ、主に自社の社員の暮らしぶりを映像化した作品でした。我が社がいかに社会を豊かにしているか、我が社の商品が実現するライフスタイルはいかに幸福なものであるかを映像で提示し、宣伝しました。

戦中映画がいわば、兵士として国に尽くすことを理想の生き方として扇動したとするならば、戦後、企業はその手法をまねて、消費を謳歌するライフスタイルを扇動し、自社の宣伝に使いました。その次に訪れたのが、高度経済成長期のテレビCMの時代です。

民放テレビ局の開局とカラーテレビの普及とともに、長尺の映画ではなく、細切れにした短尺の映像を広告として流すようになりました。その枠の販売を担ったのが、電通をはじめとする広告代理店でした。15秒あるいは30秒単位のテレビCMが王道だった時代は、30〜40年間ほど続きます。

国民の消費を大きく底上げした歴史を見てもわかるように、広告は資本主義のシステムに深く組み込まれています。生活に深く浸透し、半ば強制的にビジュアルや映像が人々の目に飛び込み注意を引きます。ある意味、嫌われないための技術が広告クリエイティブの発展とともにあったとも言えます。そんな商品をお茶の間の人気者にする力は、ともすると潤沢にお金を出す強い企業ほどその恩恵に与《あずか》りやすいという原罪性もまた広告にはある。

僕がクリエイティブの力をただ一企業の資本の拡大に用いるのではなく、ブランドの本質的価値を通して社会をよくする、あるいはブランドの社会とのコミュニケーションを通して、世の中で見過ごされがちな声、立場の弱い人たちの声も拾い上げていく姿勢が不可欠だと思うのは、こうした広告の歴史を踏まえているからです。

そしてこの10年、スマートフォンが急速に普及し（２０１９年時点で85％、10〜20代では約90％）、ライフスタイルに劇的な変化が起こりました。国民の大半がモバイルメディアを持ち歩く時代がやってきたのです。現代人の一日のスマホ・携帯の接触時間は約２時間、いつでもどこでも隙間時間にウェブやＳＮＳにつながり、個人が情報や写真、動画を手軽に発信できるようになりました。日本でのモバイル広告費は２０１９年、１兆２０００億円を超え、今や小学生・中学生の男子がなりたい職業1位はユーチューバーです。

だれもが手軽に動画を見られて、自分で撮った映像をアップできる現実は、ある種の危うさを内包しています。歴史を見れば、映像は扇動や洗脳に適した道具という一面を持っていることは明白です。放送事業が国の許認可制なのも、放送連盟がＢＰＯ放送倫理検証委員会を設置しているのも、映像というメディアの力、怖さを知っているからに他なりません。

ところが、スマートフォンを持ち歩いている人のほとんどが、そうした映像メディアの持つ力に無自覚です。デジタルネイティブ世代にとってはなおさらです。

スマホネイティブとは、別のいい方をすれば〝発信ネイティブ〟です。日常会話をするようにツイートし、ＳＮＳに写真や動画をアップして、互いにいいね！を押し合いコミュニケーションをするのが当たり前になった。個々人がメディアを持って発信することができるという、人類史上はじめての時代が訪れているのです。

映像というクリエイティブ・ツールはすべての人の手に解放された。発信ネイティブ時代において、社会に対して価値を生み出すクリエーションのあり方は今、大きな過渡期を迎えています。

ここまで駆け足にクリエイティブの歴史を俯瞰してきましたが、クリエーションの起点には誰かに何かを伝えたい強い思いがあること、社会の問題解決と密接なつながりがあること、「言葉にできない」ものをいかに解像度高く伝えるかが肝であることがご理解いただけたと思います。手口ニュートラルやルールをデザインすることの強みも先人たちの業績から知ることができました。

次章では、コアアイデアを生み出すうえでの基礎力についてお伝えしていきましょう。

# 第3章

# モラルと教養という基礎力

## 〝発信ネイティブ時代〟という前提条件

先の章でもふれたように、人類史上初の〝発信ネイティブ〟時代の到来とともに、クリエイティブのあり方も大きく変化しています。

広告の話でいうと、例えばある飲料メーカーが新商品を売り出したい場合、従来ならテレビCMを打ち、新商品がいかにすばらしい飲み物かという情報を幅広く消費者に届けるだけでよかった。しかし発信ネイティブ時代においては、消費者をただの情報の受け手と見なすべきではありません。「人は、自らが接する情報に対して、主体的に反応して発信するほうが、その商品やサービスに深くコミットしていく」からです。

「こんなにいい商品だからぜひ飲んでください」と訴えるよりも、「みなさん、これを飲んだ感想を教えてください」とお願いしたほうがいい。発信を誘発するような問いやツッコミの余地を残すのです。

1970年、富士ゼロックスの広告で「モーレツからビューティフルへ」というコピーが用いられました。博報堂の研修でも、時代を規定した言葉として必ず取り上げられる有名なコピーです。遮二無二《しゃにむに》働いて、どんどん生産することが是とされていた高度経済成長期の日本で、「そうじゃない。美しいもの、ビューティフルなものにもっと目を向けるべきだ」と投げかけた点で、このコピーは時代への批評として機能していました。

しかし令和の今なら、例えば「モーレッでいいんですか?」といった提起や投げかけの形のほうが響くかもしれません。情報として完成された広告よりも、論議や発信のきっかけとなる不完全な情報のほうが反応しやすい。

2018年に放映された三井住友カードのCMはその好例でしょう。クリエイティブエージェンシー「TUGBOAT」の麻生哲朗が手掛け、19年度のTCC（東京コピーライターズクラブ）グランプリに選出された広告ですが、映像の中に出てくるのが、「奇妙なモノを持ち歩いてるもんだ」「お金ってなんなんだろう」のフレーズ。「カードを持ったほうが軽くて便利だ」なんて一言も言わず、「お金ってなんなんだろう」という問いかけで終わるこの作品は、非常に深い印象を残します。

最初から答えを用意するのではなく、人々に考えるきっかけを与え、発信するきっかけを与える。受け手の人々も買ったり使ったりするきっかけがほしい。それは、広告に限った考え方ではありません。

例えば、2019年、容量わずか120㎖の小さな水筒「POKETLE（ポケトル）」が大ヒットしました。発売当初は、職場でウォーターサーバーから水を注ぎ足して使う20

〜30代のＯＬを想定していたものが、重い荷物を持つことを避けたいけれど薬を飲むために水が要るシニア層や、子どもに持たせたり、赤ちゃんの粉ミルクをつくるために白湯を常備したいママ層、あるいは男性ビジネスマンなどへと思いがけない形で広がりました。

つくり手側が答えを用意しないで、ユーザー自らが用途を見出す。工夫の余地を残したところに、この水筒がヒットした理由がありました。

ちなみに、スマホだってそうです。電話ができて、インターネットが使えて、カメラにもなる。そうした基本性能に加え、各ユーザーは好みに応じてアプリをダウンロードしてカスタマイズしています。自分だけの使い方を発見していく楽しさというカスタマイズ自由度の高さは、ユーザー自身が自らのライフスタイルや価値観を発信するモチベーションに直結します。

つまり、ユーザーのツッコミどころがある広告やものづくりが、今の時代、多くの人に受け入れられやすいのです。お笑いに例えるなら、かつては上手いことを言うツッコミのクリエイティブが主流でしたが、今の時代においてはボケのクリエイティブが強い。みんながツッコミを入れたくなるような、それをとっかかりに何か言いたくなる余地があるほうが、ＳＮＳでの波及効果も高いと言えます。

よい反応を呼び込めれば、その商品の主体的な発信者がどんどん増えていきますが、逆に、「これって健康的じゃないな」とか「環境に悪い商品かも」と思われたら、即座にネガティブな書き込みが連鎖します。

冒頭でも述べたように令和は、企業であっても個の「思想」や「美学」から出発したものが強い輝きと、共感を呼ぶ時代です。そのプロダクトやサービスにはどんな思想や理想が込められているのか、つくり手の社会に対する姿勢はどんなものなのか、消費者は敏感に感じ取ってもいます。企業姿勢としてフェアトレードはもちろん、エシカル消費への意識、つまり、その商品の購入が環境や社会問題の解決に貢献できるかも問われる時代になっています。そんな思想への共感が消費に結びつき、消費者からの主体的発信を生む契機となる。

近年、ジェンダーや環境問題に関する議論も、SNSを発火点として盛んに行われるようになりました。セクシャルハラスメントや暴行の被害体験を共有する「#MeToo」運動や、プラスチック製ストローの使用に疑問を呈する「脱プラ」の運動などが代表例です。こうした社会的テーマは当事者意識を持って参加しやすく、「私もプラスチック製のストローを使うのはやめました」「私も上司から、女性であることを理由に理不尽なことを言われました」など、自らの意見や体験をシェアする後押しになる。

特に今の20代、30代は、社会的な視点を早くから身につけた、いわば〝社会化ネイティブ〟世代です。そんな時代には、「ブランドを社会の課題解決に役立てる」という視点をつくり手の側に内面化することがより重要になってきます。

## モラルと教養というベースメント

社会の課題解決に意識的であることが前提として求められる時代において、僕はクリエイティブに必要な要素を次のように分析しています。

まず「**モラル**」と「**教養**」というベースメントがあり、「**戦略**」「**表現／アクション**」「**人間力**」の3要素と、それぞれに紐づく具体的な力を兼ね備えていること。これは広告クリエイティブに限らず、プロダクトにせよサービスにせよ世の中に新しい価値をつくり出すうえで必須の要素です。

モラルとは、世の中に対して何かを表現したりつくり出すとき、誰かを傷つけたり、貶《おとし》めたりすることがないように配慮する、最低限のルールです。同時代における優先的配慮を必要とする人々への想像力、倫理観とも言えます。こと〝発信ネイティブ〟時代においては、さまざまな立場の人にどう受け止められるか、センシティブに寄り添う必要があります。

## クリエイティブに必要な要素

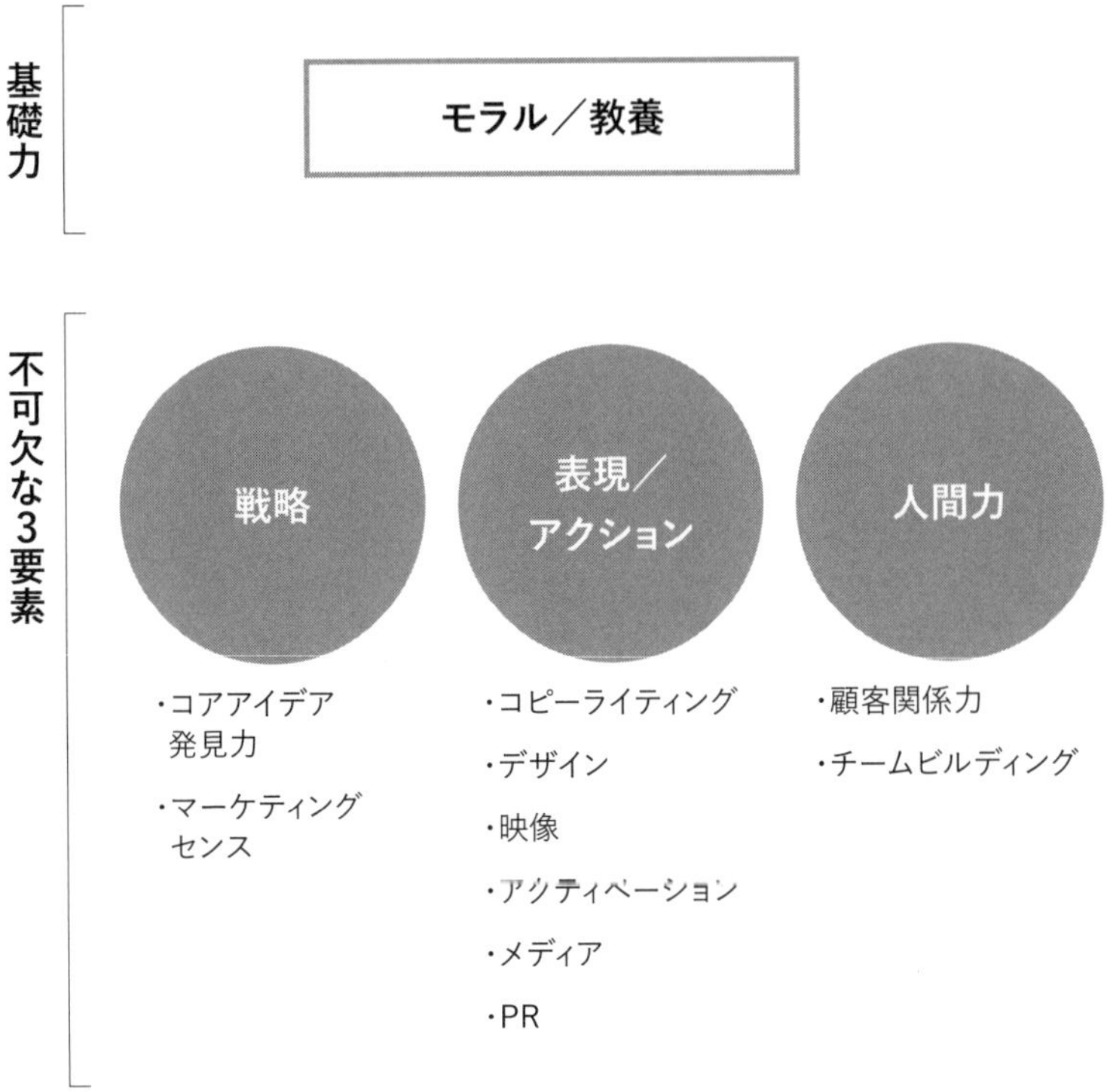

モラルはアップデートしていくものですから、10年前の時代感覚で「あり」だったことが、今では炎上することはままあります。その時代その時代における倫理的感覚を、丁寧に更新していくしかない。

わかりやすい例でいうと、「とんねるずのみなさんのおかげでした」の30周年特番で石橋貴明扮する「保毛尾田保毛男《ほもおだほもお》」が登場して大きな批判を浴びましたが、カリカチュアライズされた同性愛者を笑うこと自体、今の人権感覚には合わないわけです。当然、いつの時代でも許されてはいけないことですが、社会がそれを見過ごしていた時代を経て、今ではおかしいことはおかしいと声が上がるようになりました。

こと広告クリエイターは、莫大な額の、それもクライアントのお金（宣伝広告予算）を使って、世の中に情報を発信します。世の中の倫理的・道徳的感覚のラインがどこにあるかを把握する力が欠けていたら、誰かを傷つけ、批判や炎上を招いて企業のブランド価値を大きく損ねることになります。企業が新しいサービスやプロダクトをつくり出すうえでも、この感覚が欠如していると、ユーザーからの拒否反応を招くでしょう。

時に広告クリエイターはクライアントの倫理観やジェンダーをめぐる感覚が世間とズレているときに、企業が社会と適切なコミュニケーションをとれるよう導く役割を担うこともあります。そういう意味でも時代のモラル感を高い感度で身につけている必要があります。

次に教養とは、各ジャンルに関するアップデートの履歴をきちんと把握し、今、社会に何が起きていてどんな風が吹いているのか身体感覚でわかる知性のあり方を指しています。アイデアと表現の歴史においてすでにやられているもの、エポックメイキングだったものをある程度ストックとして知っていないと、新しい価値を継続してつくり出すことはできません。知識がなくても偶然すごいものがつくれることはありますが、データベース的にこのジャンルでこの手法はすでにやられている、これが成功例だ、でもここは空白地帯だという大まかな見取り図を自分の中に持っていなければ、何が革新的で何が有効打なのか見通しが立ちません。

また、いわゆる名作と言われる古典は、人間の普遍的な感情を解像度高く見つめたものなので、クリエイティブに必要な本質的な知性、人間に対する洞察力を鍛えてくれます。インターネットで日々大量に流れてくる情報はフローのものです。目の前に流れてきたものに対してパッと瞬間的に反応してしまい、その真偽を十分に確かめることもなければ、背後の有機的なつながりを考えることもあまりない。しかし、ここでいう教養とは、その知識の積み重ねによって物事を大局から思考・判断できるストック型の知識であり、総合的に社会を俯瞰できる知性を指しています。

モラルと教養の2つをベースとして、「戦略」「表現／アクション」「人間力」が続きます。

「戦略」とは、世の中で何が起きているかを把握して、企画を立てて生活者・ユーザーを動かす道筋を整えることです。本書で一番重要視している、本質を発見して「コアアイデア」を考え出す力がここに入ってきます。全体の戦略を立てるうえでは、変化の触媒となるアイデアに加えて、市場の規模や競争相手を冷静に分析する「マーケティングセンス」も必要です。

「表現／アクション」は、コアアイデアを実装するうえでの具体的な表現、実行力を指しています。ここまでいくつか紹介してきたように、すぐれたコピーは一発で見える風景を変化させますし、時代の大きな無意識を可視化します。左脳に効く言葉・コピーは、右脳的に人の感情によりダイレクトに訴えかけるデザイン、映像と組み合わせたときに強力に機能します。ブランドの本質を表現し、なおかつ多くの人に愛されるあるいは人の気持ちを動かす一枚の視覚表現がデザインであり、15秒や30秒の映像で表現されるのがＣＭです。

従来はこの3つが表現／アクションのメインでしたが、それだけでは現代的なマーケットに対応できません。アクティベーションとは企業のイベントや店頭プロモーションあるいは何かしらの企業の活動などを考える力です。メディアは例えばある映像を仕掛けるにあたって、テレビＣＭがいいのかAbemaTVがいいのか、あるいはＳＮＳでバズらせることを狙うのか、メディアの特性と表現との相性を組み合わせるセンスと知識を指します。ＰＲは社会との合意形成を生み出す力で、あるブランドの事業やサービスをどうやって世の中の人に届けるかというルート開発、どのメディアでどう紹介してもらうか、ＳＮＳでどう扱われるかを設定する能力です。６つそれぞれの最低限の知識やセンスを持ちつつ、一つもしくは複数の得意分野をつくることが強みになります。チームとして動くときには、ＰＲや映像などそれぞれの分野の専門家が担うことも多くあります。

最後は「人間力」。この企画は絶対に面白いと自分が信じていても、クライアントが納得しなかったら実現しません。また、広告物にしろプロダクトにしろ、複数名のチームを構成し、各メンバーに力を発揮してもらいながら、プロジェクトを前に進めていく人間力が必要です。よって「顧客関係力」と「チームビルディング」の２つが必要になります。チームビルディングについては６章で詳述します。

## 社会の声に耳を澄ますということ

ではなぜ「モラル」と「教養」がそれほど大切なのか、掘り下げて考えていきましょう。
クリエイティブディレクターの話でいうと、大手企業の宣伝部が使う予算は、たいてい億単位です。1〜2億円のこともあれば、一つのキャンペーンに10億円以上を投じることもある。電通や博報堂など大手広告代理店の場合、中堅どころのクリエイターでも、10億円ほどの予算規模のCMを手がけます。仮に10社の案件を任されているとしたら、100億円の予算を背負うことになる。

広告とは企業の社会に対するコミュニケーションです。世の中にどう挨拶をするか？それが「おはようございます」なのか「オッス」なのか「こんにちは」なのか、その温度感を決めるのが広告クリエイターです。また、企業の発信するメッセージの開発も重要な仕事です。

100億円ものお金をかけて何かを表現するうえで、今社会で何が問題になっていて、どんなことで苦しんでいる人がいるのか。その人たちはどんなメッセージによって傷つくのかといった想像力が欠けていたら、とてつもない害悪を世の中にばらまくことになります。極端な話、レイシストが広告を手掛けたら戦時のナチスの宣伝相ゲッベルスのような悲惨なことになるわけです。

広告には二面性があります。広告によって社会にゴミを増やすこともできれば、「環境に配慮できる人はかっこいい」という感覚を広めて街からゴミを減らすこともできる。そういう諸刃の剣なのです。

世の中に大きく拡散される表現分野はいくつかありますが、例えば商業的な小説家や音楽家だったら長い期間生みの苦しみを経て、激戦区で才能をふるいにかけられたうえで、ようやくその権利を手に入れます。

かたや広告代理店のクリエイターは一介のサラリーマンです。社会人になって10年にも満たない、特殊な才能や、どうしても伝えたい個人としてのメッセージがあるわけでもない人間が億単位のお金を預かって世の中に何かを発信する以上、モラルと教養は、努力して意識的に身につけておくべき素養です。

自民党広報の「進化論」と題したダーウィニズムを曲解した4コマ漫画、西武・そごうの、女性がパイを投げつけられる「女の時代、なんていらない?」広告、女性誌『Domani』の「働く女は、結局中身、オスである。」……近年、炎上した広告はいくつもありますが、モラルと教養をベースにしっかりと判断すれば避けられたものがほとんどだったと思います。

近年特にジェンダー表現をめぐる社会の感度はとてもナイーブですが、他者に対して想像力を働かせることは案外難しい。だからこそ自分の中のモラルを日々アップデートし続ける必要があります。

僕はあるとき、ネット番組の「WEEKLY OCHIAI」でフェミニズムをテーマに討論する回を目にしました。落合陽一と蜷川実花の対談を、客席は全員女性で囲んでいる。ひどく極端な企画だな、という印象を僕は持ちました。その番組についての感想をある女性に伝えたら、彼女は僕とはまったく違う意見を持っていました。

ダイバーシティの重要性が叫ばれるようになり、企業の○○委員会だとか社外取締役などに女性が名前を連ねるようになった。けれども、たいていは男性の中に女性が一人。そんな状況で議論に加わらなければいけないのは、すごく苦しい――。

「三浦さんは女性だらけのスタジオを見て『いびつだな』って思ったかも知れないけど、それは普段、男性だらけの中に一人だけ女性がいる会議のいびつさに気づいてないってことかもしれませんよ」と。

僕は自分なりにジェンダー問題をしっかり考えてきたつもりでしたが、自分の想像力が及んでいなかった部分を、はっと気づかされた言葉でした。

世の中にはさまざまな不均衡や差別があり、当事者じゃないと気づかない視点も多くありますが、そこに思いをはせ続けることが大切だと改めて実感しました。

広告は構造的に、大きな声で世の中に訴えかけることを宿命づけられています。強い者、多数派の論理に寄りがちであることは否めず、もしかすると僕たちの言葉は分断を促しているかもしれない。上から目線の「みんな仲良くしよう」「前向きに生きよう」といった善意のメッセージ自体が、誰かにとって威圧的なものになるかもしれない。

かつて思想家の吉本隆明は「いいことをしているときは、悪いことをしていると思うくらいでちょうどいい」と語りましたが、クリエイティブの担い手はそうした拡声装置としての広告の危うさに自覚的であるべきです。そこを理解してはじめて、社会の中で封殺されがちな小さな声、言葉にされにくい思いや現象をすくいとることができます。

## 女性の多様な美しさを提案する広告

ジェンダーをテーマにした僕の仕事の一つに、モード誌『ＳＰＵＲ』の創刊30周年企画があります。渋谷の「１０９」に、「JUST BE YOURSELF. 時代はいつもあなたから変わる。」というコピーで、生理用ナプキン７４００枚のサンプル付き広告を掲出したとき、異例の反響を呼びました。

４人組のガールズバンドＣＨＡＩが手を突き上げている写真は、女性たちの見えない生きづらさ、ガラスの天井を突き破るというイメージでした。４人はいわゆるモデル的な顔立ちではないし、その写真も本来広告なら使われないほどにはじけた笑顔の表情ですが、それは確かにとても美しい。

「時代はいつもあなたから変わる」というメッセージとともに、オリジナルの生理用品を作って道行く人たちに配布しました。女性にとって隠したいもの、社会が無意識に隠すべきだと考えているものをさらけ出して、それでも『JUST BE YOURSELF』、自分らしくいることが美しいんだということを表現した。既存の価値観とは真逆のかわいさ、雑誌が考える多様な美しさというものを提案したプロジェクトでした。

読者層である女性に向けて「こんなにすばらしい雑誌です」と訴えかけるのではなく、社会に潜む、しかし当たり前のこととして見過ごされてきた課題を取り出して広告という形で表現しました。女性が生理休暇を自由に取れないなど、その性別ゆえに強いられている現実に光をあて、男性を含めた社会全体に提起したのです。

「ブランドを社会の課題解決に役立てる」というこのアプローチは、女性たちだけでなく社会を良くしたいという思いを持つ男性たちの熱い反響を呼び、結果として雑誌のブランド価値も高まりました。

近年、ジェンダーに関する議論は、社会的にもますます重要な議題として認識されており、女性の生理をテーマにした広告が増えています。ただ、そういった社会課題について広告が扱うときには、細心の注意と敬意を持って当たらなくてはなりません。

具体的には、その問題に対して、現在どういった議論が交わされているのか、当事者はいったいどのような苦しみを抱えているのかを多面的に把握すること。そして何より、その企業やブランドが、その社会課題に対して本当に貢献できるときのみ、扱うべきです。

逆にいうと、生活者の支持を得るため、今の広告業界ではトレンドだからと言って安易に社会課題に踏み込んだ広告を打ち出すことは、SNSの炎上のような思わぬ批判や議論を生み、ブランドを毀損《きそん》することにもなります。

最近の事例では、花王の生理用品の広告で、「生理を〝個性〟ととらえれば、私たちはもっと生きやすくなる」というメッセージの広告キャンペーンが、SNSを中心に多くの女性からの批判を受けました。

メッセージの骨子は、「生理の苦しみ・不便さには個人差がある、その差を個性として女性同士で認め合い、支えあうことで、女性は快適に働くことができる」という提案です。このキャンペーンが受け入れられなかった大きな理由は、生理休暇ひとつ取りづらい男性優位の職場における女性たちの立場に対する想像力の欠如、そして性別に関係なく社会全体で理解を深め、制度を改善していくべき話を、あたかも女性同士のメンタリティで解決することを求めるようなメッセージになっていることが問題なのです。

さらに言うと、「個性」という、さまざまな〝欠点〟を覆い隠すために使われることも多い言葉を、キラキラした宝石の演出とともに生理に当てはめたことが、身体的苦痛を抱え、日常生活や職場で苦しい思いをしている方々に不快さを与えてしまった。ものごとの本質を捉える言語化力にも、世界の複数性に対する視点にも欠けていたと言わざるを得ません。

繰り返しになりますが、広告で社会課題に向き合うとき、問題の当事者がどんなことに苦しんでいるのか真摯に思いを寄せないままトレンドに乗るかのようにそのテーマを扱うことは、ブランドにとって無価値であるどころか、害悪になり得ます。

もう一つ別の事例を加えると、かつて、コカ・コーラは、インドとパキスタンの国家間の政治的対立を和解に導くようなキャンペーンを展開しました。

インドとパキスタン、それぞれの国に大きな自販機が設置されました。自販機の等身大のディスプレイの前に立つと、ライブカメラでインドからはパキスタンの人たち、パキスタンからはインドの人たちを見ることができます。そして、両国でディスプレイの前で踊ったり同時にスクリーンにタッチしてハートマークをつくったりすることで、飲料を無料でもらえるというプロジェクトでした。

飲料が媒介になって対立する二カ国の若者たちがつながることができて、和解に大きく貢献した……というシナリオになるはずが、実際にはこの自販機は設置後一日で破壊されたそうです、両国ともに。

インド、パキスタンの対立は政治と宗教と経済が絡んだ根深いもので、簡単には解決できません。飲料の自販機一つでどうにかなるという考えは拙速にすぎました。分断の背景には両国のアメリカとの政治的距離感も密接に関わっていますし、何よりもこのブランドがアジアの二カ国の対立に関与する必然性が感じられませんでした。

このキャンペーンはあたかも大成功したかのように報じられ、世界の広告祭で評価されましたが、のちに実態との乖離《かいり》が広告業界においても問題となりました。


ことほど左様に、広告が社会課題と向き合うのは難しく、覚悟のいることなのです。しかし僕は、これまでの議論を踏まえてもなお、過度に恐れることなく、広告は社会課題に対して積極的にアプローチするべきだと考えます。

成功事例もたくさんあります。社会課題と向き合うことがブランドにとって必然性があるとき、クリエイティブは社会を前進させる大きな推進力になります。真摯に、誠実に、敬意を持って社会と向き合う姿勢がクリエイティブには不可欠です。

世の中で今どんな問題が起きているかを把握して、自分の見解で語れるだけのモラルを身につけるためには、単純なことですが日々のニュースに丁寧に向き合うことです。

ことクリエイティブディレクターは、企業の社会とのコミュニケーションを担う人間です。社会状況を把握していなければ、的確な広告メッセージを発信することはできません。さまざまな報道やＳＮＳの情報を通して、今社会のどこにどんな風が吹いているかを身体感覚で知っていなければ、クリエイターを名乗ることはできないと思っています。

## 世代間による〝社会化〟の視点の違い

社会の課題解決とクリエーションは密接に結びついているという僕の確信は、80年代生まれという世代的な感覚もあるのかもしれません。

70代、60代のクリエイターといえば、糸井重里さん（48年生まれ）や、プロデューサーとして多方面で活躍している秋元康さん（58年生まれ）、アートディレクターの大貫卓也さん（58年生まれ）らの名前が思い浮かびます。彼らが残してきた実績は圧倒的で、今なお精力的に挑戦を続けておられますが、勇気を持って世代論として語らせていただくなら、社会よりも「個」の視点が圧倒的に強かった世代ではなかったか、と思うのです。

戦後の高度経済成長時代に、どうすれば消費社会でもっと楽しく生きられるか、個の欲望を貫いて自分らしさを追求することがクリエイターとしての原動力となり、社会に大きな影響を与える仕事につながっていったように思います。

その下の世代、いま50代、40代のクリエイターは、「公共」や「社会」の一歩手前、すなわち「業界」の視点を強く持ちながら生きてきた世代、という言い方ができると思います。放送作家の鈴木おさむさん（72年生まれ）はテレビ業界。博報堂ケトルの共同ＣＥＯ、嶋浩一郎さん（68年生まれ）はＰＲ業界。佐藤可士和さん（65年生まれ）はデザイン業界です。

この世代のクリエイターは、自らが属する業界に、あるいは手法に、強いこだわりを持ってクオリティの高い仕事をしてきています。秋元康さんが放送作家でありながらテレビだけにこだわってこなかったこととは対照的です。彼らが自分たちの仕事を達成する過程で、その業界、ジャンルのルールができてきたように思います。

一方で、落合陽一さん（87年生まれ）のような30代は、自分たちが担うクリエイティブが社会にどう役立つのかという視点を早い段階で身につけ、意識的に取り組んでいる。これには2つの理由があると考えられます。

一つは、すでにＳＮＳが浸透した社会で育ったこと。自分という存在は孤立した「個」ではなく、巨大なネットワークの一部として社会と相互コミュニケーションする中に存在しているという認識がおのずと育まれてきました。

そしてもう一つの理由が、「業界」の飽和です。

前述したように、50代、40代のトップランナーたちは各々の「業界」を自らの領域とし、抜きん出た実績を重ねることで確固たる地位を築きました。主体者として「業界」の発展に寄与した彼らは、同時に各業界のルールメイカーとしての役割を果たしたとも言えます。そして僕たち若い世代は、その土俵で横綱たちに勝負を挑まなければならない状況になった。

勝ち目が薄いことは端から見ても明らかです。それがわかってしまうから、視線を「業界」の外へ向け、社会に目を向けて戦うほうが、まだ勝てる可能性がある。ある種の生存戦略として〝社会化〟したと言えるのかもしれません。

さらに若い世代、今の20代は社会的な意識がもっと強い印象があります。就職やデビュー以前からすでに、「社会に貢献したい」「世界をよりよいものにしたい」という思いをネイティブに持っている。クリエイター志向の若者だけでなく、この世代から30代にかけては広く一般的に、〝社会化ネイティブ〟という新しい感覚が最初からインストールされている。そんな彼らはSNSでの発信力も大きい。

私たちが対峙しているマーケットは、このように世代間によって大きく社会に対する感覚が異なっているのです。

社会化についてもう少しだけ考察すると、個の欲望を実現しようとロジカルに突き詰めていくと必ず最後に社会化せざるを得なくなるという真理があると思います。

「日本一うまいラーメン屋をつくりたい」「絶対に○○と仕事がしたい」「月に行きたい」……なんでもいいのですが、本気で個の夢を実現したかったら、幸いにも現代は多様な手段が用意されています。クラウドファンディングで資金を調達できるかもしれないし、ベンチャーキャピタルから出資を得られるかもしれないし、協力してくれる仲間をSNSで募ることだってできる。夢を現実化しようとする過程で必ず社会とつながり、深く向き合うことになります。

思い起こされるのは、内田樹著『修行論』（光文社新書）に出てくる、次のような、武道にまつわる話です。

武道は、技を磨いて、強くなることを目指すもので、究極の目的は「無敵の探求」です。しかし、本当に誰にも負けない強さを手に入れたかったら、「的を忘れ、私を忘れ、戦うことの意味を忘れたときにこそ、人は最強となる」。つまり〝敵をつくらない〟状態（＝無敵）に勝る強さはありません。

つまり、「強くなりたい」欲望を突き詰めていくと、最後は世界平和の希求へとつながらざるを得ないのです。

あるいは、ある人が「妻といつまでも健康に生きたい」と願うとします。その思いの先に行き着くのは、医学や政治です。願いを叶えるためには、社会を平穏であり続けさせる政治が必要だからです。病気を防いだり治したりする医学の力も言うまでもなく欠かせないからです。

個の欲望を突き詰めた先には社会化があり、クリエイティブもまた社会課題の解決へと向かいます。

## 教養とはアップデートの履歴

さて、次に教養がクリエイターにとって必要不可欠な素養であるのはなぜでしょうか。教養とは、人類の思考のアップデートの履歴です。

人類は営々と歴史を紡ぎながら、さまざまな問題にぶつかり、そのたびに悩み、ときに間違いをおかしながら、乗り越えてきました。ジェンダー表現をめぐるモラルの変遷もその一つです。

この履歴を、知っているかどうかの差は非常に大きい。

電通のクリエイター、髙崎卓馬さんは著書『表現の技術』（中央文庫）の中で、人は笑うにせよ泣くにせよ、感情が動くとき、必ずその前に「変化に対して驚いている」ことを指摘しています。

感情を動かす驚きは、新しい体験をすることによって生まれます。

誰かにとって新しい体験を与えられる表現を行うには、まずもって、それが新しいか古いかを判断できなければなりません。そのためには、過去の歴史、その履歴を、ある程度は知っておかなければなりません。

人類はどのように賢くなってきたのか。何ができるようになってきたのか。知るべきは、モラル、アイデア、表現の歴史です。進歩の足跡です。

何も知らないからこそ新しいものを生み出せる、との反論はあり得ます。が、それは半分正解、半分は間違いだと僕は思います。確かに偶然になら、生み出すことも可能かもしれない。誰も書いていないストーリーを、たまたま、書けることはあるかもしれない。けれど安定的に、継続的に新しいものをつくり続けることはできないでしょう。

やはり、「これはすでに何者かの手によって為されている」「すでに世の中に存在している」という大まかな見取り図、データベースがあってこそ、人の感情を動かす新しさにたどり着ける。地図のないまま航海はできません。ある程度の履歴を知らないと、何が使い古されていて、何が新鮮かの判断がつきません。

もう一つ、先にもふれたように教養とはフロー型ではなくストック型の知識です。人間の普遍的な感情、行動原理、社会の仕組みを知らなくては、本当の意味で人間の感情を揺さぶり、行動を変える企画はできません。表面的で一過性の話題づくりをクリエイティブとは、少なくとも僕は呼びません。

そのためにはまず良質な古典に触れることです。人間の本質を描いた古典文学や社会の問題解決の方法としての哲学の考え方、時代を動かしたすぐれた作品などを知っておくのは、クリエーションに際して非常に応用範囲が広い。

突然ですが、次に挙げる3つの共通点は何だと思いますか？

①東海道新幹線のCMシリーズ「クリスマス・エクスプレス」（JR東海・1989年）
②サガミオリジナル002のグローバルキャンペーン「LOVE DISTANCE」（相模ゴム工業・2009年）
③AKB48 49th シングル選抜総選挙（2017年）

①は、牧瀬里穂が主演を務めたCMで、若い女性が、思いを寄せる男性が新幹線に乗っ

## 3つの共通点は何か？

①

東海道新幹線のCMシリーズ
「クリスマス・エクスプレス」
（JR東海・1989年）

②

サガミオリジナル002のグローバルキャンペーン
「LOVE DISTANCE」（相模ゴム工業・2009年）

③

©AKB48
「AKB48 49th シングル選抜総選挙」
（2017年）

て遠路はるばるやって来るのを心待ちにしている様子などが描かれています。

②は、遠距離恋愛中の2人が、12月24日に出会うまで10億㎜（1000㎞）の道のりを走り、その2人の1カ月にわたる軌跡をまとめたウェブCM。走り続ける2人を映し出す画面上には、互いの距離がどんどん減っていくさまがミリ単位の数字で表されています。ようやく出会い、抱き合った2人の距離がいったん0㎜になったあと、「それでも、愛に距離を。」というメッセージとともに0・02㎜（すなわちコンドームの厚さ）にかすかに逆戻りする。このCMは09年カンヌ国際広告祭フィルム部門で金賞を受賞するなど、高い評価を受けました。

③は、毎年一回シングルの選抜メンバーを決める、アイドルの人気投票。〝推し〟をメンバー入りさせたいファンはこぞって投票券付きのCDを購入しました。推しを応援するために、ファンはさまざまな商品やサービスにお金を使います。

3つとも、いずれは、広告・プロモーション手法の「古典」の一つとなってゆくであろう時代を象徴する名広告ですが、これらに共通しているのは何でしょうか。若くてかわいい女性が登場すること？　恋愛がモチーフになっていること？　それらも間違いではありませんが、着目すべきは動機です。

なぜ人は新幹線に乗るのか？

なぜ人は1000㎞もの道のりを走破できるのか？

なぜ人は〝推し〟のために惜しみなくお金を使えるのか？

答えはいずれも同じこと。**会いたい気持ちは人を動かすから**です。

3つの作品やプロモーションはすべて、「会いたい気持ちは人を動かす」という、人間の普遍的な感情に対する本質的発見に基づいてつくられている。感情に対する理解から、表現も現象もビジネスも生まれてくるのです。

人間の感情は確かに複雑なものですが、一方で、人間が心を動かされる法則や様式はいくつかのパターンに分類できます。「会いたい気持ちは人を動かす」も、人間の感情にまつわる一つの基本原理です。

過去の傑作、特に古典として高い評価を得ている作品には、そうした普遍的な感情がうまく表現されています。その作品の何が普遍的な要素なのかに気づくことができたとき、クリエイティブに必要な本質的センスがストックできます。

新幹線のCMだろうが、コンドームのプロモーションだろうが、アイドルのイベントだろうが、応用がきく。人を驚かし、感動させる、新しいものが生み出せる。

逆にその普遍的な原理に気づけないと、「LOVE DISTANCE」を見て「今はドキュメンタリータッチが受けるのか」、AKB48の成功を見て「かわいい女の子をたくさん揃えれば成功する」といった表面的な分析しかできません。

僕たちが生きている現代に、面白い作品は日々つくられています。けれども、10年後、100年後も語り継がれるものは、本当にごくわずかでしょう。多くは、時代が変わり、背景が変わり、人々の認識が変わるとともに、見向きもされなくなっていく。

逆に古典として残るものは、普遍的な人間感情、人間社会の真実がきわめて解像度高く表現されたものです。

古典を知っておくことが、クリエイターに一番必要な、人間の感情や欲望への理解度を高めます。その感情の総体である社会はどんなときにどう動くのか、本質を把握する力につながるのです。

## クリエイティビティを高める名著10冊

本章の最後に、人間と社会への本質発見力を高め、世界の複数性を理解するのに有効な名著を10冊ご紹介したいと思います。クリエイター必読の教養書といっていい作品ばかりです。本を読んだあとで、世界の見方が刷新されますし、クリエイティブへのモチベーションも高純度に高めてくれるでしょう。これもあえて最新のヒット作ではなく、10年後、

100年後も読まれるであろうものを選んでいます。

**サン＝テグジュペリ『人間の土地』（堀口大學訳、新潮文庫）**

『星の王子さま』で有名なサン＝テグジュペリによる1939年刊の本書は、郵便飛行機のパイロットだった作者が、自身の職業的体験を綴った作品です。20〜30年代の冒険的飛行機乗りの時代はしばしば機体トラブルに見舞われ、パイロットは文字通り命がけの職業でした。アンデスの山中で遭難し、吹雪の中さまよい生還を果たした仲間のギヨメや、サン＝テグジュペリ自身がサハラ砂漠の真っ只中に不時着したときの遭難体験を描いています。極限下で水もなく砂漠をさまよい、寒さと渇きと疲労に打ち勝って生還した体験などから紡ぎ出される人間の本質への哲学的省察は圧巻です。

「人間であるということは、とりもなおさず責任をもつことだ。人間であるということは、自分には関係がないと思われるような不幸な出来事に対して忸怩《じくじ》たることだ。（中略）人間であるということは、自分の石をそこに据えながら、世界の建設に加担していると感じることだ」

人間の根源的な力への信頼と、仕事に対する責任感に支えられたこの人間観は、どんな状況下でも高潔な魂を持てと鼓舞してくれるようです。僕はクリエイターにとって性善説であることは必要な要素だと思っています。若手によく「性善説で企画し、性悪説で実行しろ」と言っています。

人間は良いものだし、もっと良くなろうとし続けるものであるという信念があります。だからこういう良いものをつくったらきっと世の中に響くだろうという性善説で企画を考えます。でも人は間違える。ミスもするし体調も崩すし、人間関係や組織の論理で当初の信念が変わってしまうこともある。だからアイデアを実際に形にするときには性悪説でいく。ヒューマンエラーや人間的なトラブルは容易に起こること、そしてそれを補う仕組みを企画に織り込まなくてはならないのです。

『人間の土地』においても、極限下でさまざまなトラブルに巻き込まれる中、信念を失いかけます。でも、人間は救われるべきだし、必ずいい結果にたどり着くと信じている。ただそのプロセスは簡単ではないということが、淡々と美しい文章で描かれています。さまざまな要因で仕事の壁にぶつかったときにこそ読んでほしい、勇気づけられる一冊です。

**フリードリヒ・ニーチェ『ツァラトゥストラかく語りき』**（佐々木中訳、河出文庫）

1883年から85年にかけて発表されたニーチェの代表作『ツァラトゥストラかく語りき』は、神話的な叙述形式で書かれた哲学書です。神の死を知った主人公ツァラトゥストラが「超人」や「永劫回帰」の思想を語るという聖書のような本で、なかなか読み通すのには時間と体力が必要です。ただ、その本の中に書かれていることは、すごくシンプルに言うと「人間は人間を超えようとする大いなる意志である」ということです（このようにシンプルにすることをニーチェが求めていないことは前提として）。

「神は死んだ」という有名な言葉にもある通り、キリスト教的道徳を否定し、実存主義の原点にもなった超人思想です。「力への意志をもちつづけ、自己超克によって、新たな価値を生み出す人間」＝超人です。

人は社会の中で力を手に入れ、現実世界に影響を及ぼす存在であろうとする自己承認欲求を持っています。そんな自らの意志に基づいた欲求、行動を全肯定する思想と言えます。

僕の周りのビジネスパーソンや若いクリエイター、あるいは就活している若者も含めて、みんな何者かになりたいと強く思っている時代です。特にSNSの登場によって、虚偽も含めての見せ合い、披瀝《ひれき》し合いが行われたことによって、歴史上もっとも人間が何者かになりたいという自意識を持っている。そこでもがくのはすごく恥ずかしいし、ダサいことだけど、何者かであろうとすること自体は決して悪いことじゃない。

僕自身、自分が大学生から博報堂に入って3年くらいの頃のことは思い出したくもありません。自分が何者かになろうとして醜くあがいて、人に迷惑をかけたりひどく遠回りもしてきた。周りの人に支えられ、ときには人を傷つけて、必死で這い上がってきた結果、今、プロのクリエイターとして自分の会社を持っている。何者かになれたかどうかはまだ途上でわからない。ただその判断は自分にしかできません。

今はそういう自己超克の渇望感や焦る気持ちはわりと否定されがちです。「そんなにガツガツしなくていいよ」「君は君であるだけで十分だ」とか、本当は何者かになりたいと思っているはずなのに、耳ざわりのいい言葉で現状追認してしまう。でも、そんなの全部嘘なんです。僕は会社員時代に、「焦らなくて大丈夫だよ」といろんな先輩に言われ続けてきましたが、生意気にも「おまえらの誰も大丈夫じゃないだろう、おまえたちのようになりたくないから焦っているんだよ」と強く思っていました。

『ツァラトゥストラかく語りき』は力に向かう意志、何者かになろうと苛烈な衝動を肯定してくれる本です。昔、「無駄に生きるな。熱く死ね。」という、オリバー・ストーン監督のスポーツ映画『エニイ・ギブン・サンデー』（99年）のコピーを見たとき、なんて嫌な言葉だろうと思ったんですが、本当はそう言って背中を押してほしい若者はいつの世にも一定数いる。そういう意味で、『ツァラトゥストラかく語りき』は焼け死ぬことを肯定する毒薬のような名著です。

## 坂口安吾『堕落論』（新潮文庫）

無頼派の作家・坂口安吾が、終戦直後の1946年に発表した「堕落論」は、武士道、天皇制、戦争、女性の貞節といった上っ面の権威や道徳規範と決別し、人間の本性はダメなものだし、「堕ちる道を堕ちきることによって、自分自身を発見し、救わなければならない」と説いた鮮烈な論考です。

これは「正しくあれ、強くあれ、美しくあれ」みたいな建前に対して、人間本来のあり方に立ち返って堕落せよと言い放った、究極的には個人主義の話と読むことができます。

戦争を強要した権力や国家といった可視化された体制の中に自分が飲み込まれぬよう、ダメでもいいから個として生きようというのが「堕落論」の核心だとすると、現代はＳＮＳの登場によって、細分化された〝可視化されない権力〟に流され、当時以上に人々が思考停止しやすい時代なのかもしれません。

企業やインフルエンサーが水面下で仕掛けるさまざまなブームや、政府のつくり出すなんとなくの空気の中で、個の欲望や思考にきちんと立ち返ることのないまま人は意思決定してしまいやすい。スマホという機械による即物的な条件反射は、反権力ですら思考をともなわないただのムーブメントにしてしまいかねない。

そんな危うさの中で生きているからこそ、ジョン・スチュアート・ミルの「太った豚よりも痩せたソクラテスになれ」ではないですが、個としての生身の感覚や、弱さや醜い下品な気持ちも含めて思考し、自分自身であることに立ち返らなくてはならない。

今、自分が本当に望んでいることは何か、心からほしいものは何か、世の中に違和感を感じていることはあるのか。裸の自分になって個の人間としての感覚、欲望に従うことが結果的に、マーケットのトレンドとは関係なく強い共感を呼んでビジネスモデルになることもある。たとえそれが美しくないものであってもいい、一人の個人としての身体感覚に立ち戻ることが、結果的に仕事や自分の人生を充実させる方法であることを伝えてくれる稀有な一冊です。

## カント『永遠平和のために』（宇都宮芳明訳、岩波文庫）

18世紀の哲学者イマヌエル・カントは、ソクラテス、プラトン、アリストテレスといった西洋哲学の系譜の中で正統的なポジションを占めますが、哲学者がずっと考え続けてきた正義、平和、愛、理性といった倫理的概念を現実の社会の仕組みに本気で落とし込もうとした最初の人といっても過言ではないでしょう。

『永遠平和のために』は、当時ヨーロッパ各地で戦争がずっと続いているときに、人類の最高善＝恒久的な平和はどうやったら実現するのかを考え抜いた、哲学と政治をつないだ平和論の古典です。

なにより「常備軍の廃止」「諸国家の民主化」「平和連合の創設」など、永続的な平和を実現するための画期的なコアアイデアを提案したことが素晴らしい。事実、これらは後世において国際連盟の設立の理念に寄与しています。

カントは、平和とか愛といった形のない抽象的な概念を現実社会の中でどう実装するかという問題から決して逃げなかった。これは「発想」と「実装」の双方があってはじめて社会を変えるクリエイティブができるという、本書の思考と重なります。

今の社会は政治家だけが政治をやればいいわけではない。例えばアメリカだったら黒人男性暴行死事件を受けて、ＩＢＭは警察による市民の監視や人種的分析に使われる顔認識事業から撤退を表明し、マイクロソフトやアマゾンも顔認識技術の警察への販売を停止しました。企業にしろ個人にしろ、あらゆる人間が政治の構成主体であり、自らの行動や思想が実世界に対してどういう影響を与えるのかを自覚せざるを得ない現代社会において、カントの理想と現実社会をつなぐ、一枚一枚薄皮を積み重ねるかのような論理構築と、その努力の美しさには胸を打たれます。

こと広告クリエイターは企業との関係の中で経済主体として存在することが多いので、自分の思い描くビジョン、美しい理想と、この現実の矛盾だらけの醜い世界のあいだをブリッジさせていかなくてはならない。観念を社会の中で実装するという行為の本質を教えてくれる本です。

**サルトル『実存主義とは何か』**（伊吹武彦他訳、人文書院）

「実存主義」哲学のマニフェストともいえる本書は、サルトルが1945年にパリで行った講演会がもとになっていますが、今の世界の民主的な国家における共通の価値観、ヒューマニズムにつながった一番ベーシックな考え方が示されています。

19世紀以降のヨーロッパで培われていた科学によって世界はよりよくなるという進歩主義への信頼は20世紀の2つの大戦によって大きくゆらぎました。戦車やミサイルといった大量破壊兵器の前で、人間は無力だった。戦後、人間存在への根源的な不安に対して、「実存は本質に先立つ」——つまり、目的や性能が先にあってつくられるペーパーナイフのようなものとは違って、人はまずそこに実存し、自らの意思やあり方によってあとから本質はつくるものだという人間観を打ち出しました。自ら主体的に生きる、未来の可能性に向かって自らを投げ出す「投企」こそが大切だと。

人は自分のあり方を自分自身で決めることができる——当たり前のことと思うかもしれませんが、何千年という歴史の中で、そこにこそ人間の価値があるんだということをはじめて明言した記念碑的な本だと思います。

「差別なんて絶対によくない、男女は平等だ」「個人の意思は最大限尊重されなくちゃ」と言っている人でも、意外に「家庭的な女性」みたいなステレオタイプな価値観を無自覚に押し付けてしまっていることもあります。

サルトルの実存主義を受けて、ボーヴォワールは「人は女に生まれるのではなく、女になるのだ」と言いましたが、一人の人間の本質を本人の意思ではなく、ステレオタイプな記号で勝手に決めてしまっているような例は枚挙にいとまがありません。

例えばアメリカの反人種差別デモを「黒人と白人の闘争」と言ってしまう。そういう側面もありますが、基本的には差別をする人たちと差別に反対する人たちの闘争であって、立ち上がっている側には当然、白人もいるわけです。社会の入り組んだ状況に対して一人の個として、あなたの実存はどこへ向かっているのかを問いかけ直すことが今改めて重要性を帯びています。実存を何か保障された所与の条件のように捉えていると本質をはき違えてしまう。

自分はどうあるべきか、自分はどうありたいか、何のために生きているのか、未来に向かって主体的に自分の意思で形作っていく行為（投企）が実存主義です。個の時代にその原点を見つめ直すことには大きな意味があると思います。

フェルディナン・ド・ソシュール『新訳 ソシュール 一般言語学講義』（町田健訳、研究社）

近代言語学の父・ソシュールの講義録で1916年に出版されたものですが、その後の言語学・構造主義に絶大な影響を与えた研究です。難しいから全部読まなくてもいいのですが、クリエイターを志す人は自分が取り扱う言語というものの本質を大まかに把握しておくことは非常に有益です。

言葉によって世界は規定されるという、僕が『言語化力　言葉にできれば人生は変わる』（SBクリエイティブ）で書いたことよりももっと根源的な言語記号についての話です。

ソシュールによると、言語記号は「シニフィアン（記号表現）」と「シニフィエ（記号内容）」という2つの関係から捉えることができます。目の前に猫がいるとして、「猫」とか「cat」といった言葉がシニフィアン、頭の中の猫のビジュアルや鳴き声などのイメージがシニフィエです。ところが同じ「猫」という記号表現を見ても、あなたのイメージする猫と私のイメージする猫は差異があります。

つまり、人は世界を言葉で分節することによって世界を自分なりに把握していますが、同じ言葉を使っても人それぞれで違うイメージを持ち、違う世界が見えている。言語というツールで世界を認識し、互いにコミュニケーションをとる人間に構造的に課せられた宿命とも言えます。

コアアイデアを生むには「世界の複数性への理解」が必須だとお伝えしてきましたが、言葉によって捉えた表現は言葉によって規定されるわけで、言語が生み出している世界の複数性に気づくことは、他者に何かを伝えるうえで表現の出発点です。クリエイティブな新しい価値を生み出したいと思う人にとって、最大の素材は自分の発する言葉。そんな言語とは人にとっていかなるものなのかを克明に解体し、浮き彫りにしたのがこの本です。


**クロード・レヴィ＝ストロース『野生の思考』（大橋保夫訳、みすず書房）**

文化人類学者レヴィ＝ストロースの『野生の思考』は構造主義を確立した金字塔ともいえる本ですが、単純にノンフィクション的な読み物としても圧倒的に面白い。

本書では、西洋文明の科学的思考法と対比して、未開民族の社会の広範なフィールドワークから見出したその思考形態を「野生の思考」と名付けています。その知的レベルは驚くべきもので、例えば植物の分類一つとっても、ホピ・インディアンは３５０種類、ナヴアホ・インディアンは５００種類の植物を識別し、フィリピンのスバヌン族の植物語彙《ごい》は１０００語を超え、ハヌノー族にいたっては２０００語に近かったりします。レヴィ＝ストロースは彼らの神話的・呪術的思考法をブリコラージュ（器用仕事）、つまり「もちあわせ」、すなわちそのときそのときの限られた道具と材料の集合で何とかする方法に例えて説明しています。

構造主義が教えてくれるのは、個人はそれほど自由に意思決定をしているわけではなく、社会の思考のパラダイム、その時代や共同体ごとの思考の様式にとらわれているという真実です。そしてここで重要なのが、未開社会の思考法のすごさは構造主義を知っている人間だからこそ浮き彫りにできたという点です。当の取材された人々は構造主義を知らない、構造主義という思考のフレームワークを持った人間だけが、その共同体がどう世界を分節し思考しているか、逆に何が見えていないかを理解することができる。

僕は仕事をするときいつも「前提を疑うことを前提としろ」「アウトプットを生み出すときに必ず何らかのタブーを破れ」とクリエイターたちに伝えていますが、我々が無意識に持っている思考様式、常識的感覚、世界の認識の仕方をわかってない限り、そこを意識的に破ることはできません。ルールを知っている人にしかルールは破れない。

社会のパラダイムに立ち向かって世の中を動かすクリエーションがしたかったら、構造主義は絶対に知っておいたほうがよい思想です。そういう意味でこの本を読むことが企画者としてのスタートになり得る。

哲学の本の面白さの一つは、すごく頭のいい人が世界の真実に触れる過程を追体験できること。そんな醍醐味が詰まった一冊でもあります。

## 原研哉『デザインのデザイン』（岩波書店）

無印良品の広告などを手がけてきた、現場の第一線で活躍するアートディレクターの原研哉が、豊富な事例を通してデザインの定義や本来のあり方を問い直した一冊です。ウィリアム・モリスのアーツ&クラフツ運動からモダニズム、ポストモダン、そして現代までのデザイン史を俯瞰できる内容にもなっていて、これを読まずしてデザインは語れない教科書的な存在です。

「デザインとは、ものづくりやコミュニケーションを通して自分たちの生きる世界をいきいきと認識すること」そんな思想に貫かれた本書を読むと、〝世の中に存在するあらゆる人工物は誰かの意思や工夫によって形作られている〟ということに改めて気づかされます。

例えば、GOのオフィスにある来客用のテーブルはすべて円型で統一されています。机に角があると、座る位置によって上座と下座、発注者と受注者のような関係性が出るのが嫌で、丸のデザインにしている。

このテーブルはGOに所属している現代アーティストの渡辺志桜里の協力を得て僕がプロデュースしたものなので、こうしてデザインの意図を説明することができますが、世間一般に存在する生活用品のデザインのねらいが説明されることはまずありません。でも、この本を読むと、あらゆるデザインは誰かのクリエイティビティの発露であり、何らかの課題を解決しようとする意図や目的があるという事実に、はたと胸を突かれます。「デザインは技能ではなく物事の本質をつかむ感性と洞察力である」——クリエイティブの本質にも通じる、鋭い思索的な言葉の数々も本書の魅力です。

僕自身は、優れたデザインの定義は、何らかの問題を解決していること、と捉えています。例えばｉＰｈｏｎｅ、ボタンが多すぎて使う気にならなかった携帯電話をボタンを一つにして誰もが操作しやすいものにした、これはプロダクトデザインによる問題解決です。あるいはパソコンをかわいくてスタイリッシュなデザインにして女性も買いやすいものにする、これもデザインによる問題解決です。このようにデザインの力はプロダクトレベルでも商品の概念レベルでも課題の解決に寄与します。

この本を読む前と読んだあとでは、デザインの見方はもちろん、世界の見え方が変わるでしょう。イギリスのノーベル文学賞受賞作家ドリス・レッシングは「学ぶこととは、これまで学んできたすべてのことを、ある日突然まったく別の角度から理解し直すことである」という言葉を残していますが、まさに「見慣れたものを未知なるものとして再発見できる」書物です。

**國分功一郎『暇と退屈の倫理学 増補新版』（太田出版）**

この本は、暇や退屈がなぜ人を苦しめるのかを人類史的なスケールで考察した哲学書です。狩猟によって食糧を得ていた太古の時代から、常に何かに追い立てられるように生きてきた人間は、近代文明の発達とともに豊かさを手に入れ、ようやく何もしなくていい時間を手にした。ところが、暇を得たとたん、人は何をしてよいかわからない退屈の苦しみ、何かをしなくてはいけないという焦燥感にさらされるようになった。

本書はその根源的な矛盾を精緻に分析したうえで、暇と退屈を享受し「人間であることを楽しむ」重要性へと論を展開します。

コロナ禍の自粛要請期間中、「不要不急の外出は控えよう」といった言葉が頻繁に聞かれました。僕は、その「不要不急」という表現に強い違和感を抱きました。「その活動が不要不急、無駄だというのは、いったい誰が決めるんだろう」と。

広告もアート作品も、ある意味、不要不急なものなのかもしれません。でも、それらがなければ、世界は本当につまらないものになるし、それが生きることと分かちがたく結びついている人たちも必ずいる。人間を人間たらしめているのは、そうした暇つぶしの表現だったり無駄な欲望であったりする。

暇である、退屈であるということ、そして思考することの価値をあらためて考えさせてくれる好著です。

**佐々木中《あたる》『切りとれ、あの祈る手を 〈本〉と〈革命〉をめぐる五つの夜話』（河出書房新社）**

この本が確信を込めて繰り返し伝えていることはただ一つ、「文学こそが革命の根源である」。革命の本体は暴力でもなければ、権力の奪取でもない。テクストを読み、書くことによって生まれる価値観の転換、テクストの変革こそが革命の本体であると歴史的視点から鋭利に論じた思想書です。

本を読むことの本質は書いた人の無意識に接続することであり、うっかり理解できてしまったら正気ではいられない、それほどの危険をはらんだものだと佐々木は指摘します。つまり言葉であれデザインであれ、表現というものは確実に何かを変える可能性があり、世界に変革をもたらし得るものなのです。本書の最後に、ある学生たちから「作品をどうして発表しなくてはいけないのか」という素朴な疑問を投げかけられたエピソードが出てきます。

僕自身、この問いかけにドキリとしました。なぜ自分はこれほどの熱をこめてクリエイティブに邁進しているのだろうかと。

佐々木はニーチェの『ツァラトゥストラかく語りき』の最終部が1885年の出版当

時、たった7冊しか世に出なかったことを示します。出版社に見限られ、自費出版で40部だけ刷り、そのうちの7冊が知人に贈られた。ニーチェは二十代半ばで病気になって大学をやめ、対立学派から中傷され、本を出しても全く売れず、報われず、ついに発狂して精神病院に長らく幽閉されたままその生涯を閉じた。彼は敗北したのでしょうか。

決してそんなことはありません。『ツァラトゥストラかく語りき』はニーチェの死後、世界に絶大な影響を与え、途方もない時間とヨーロッパと極東の間にある物理的な距離を超えて、僕という一人の若者をも救った。一人の人間の人生を決定的に変える、これを革命と言わずして何と言うのでしょうか。

作品を発表するとは、クリエーションを世の中に問うとは、たとえ自身の人生は報われなかったとしてもその表現物によって誰かの心に突き刺さって革新的な変化を与える可能性がある。そこから世界は変わっていく。そのわずかな可能性を信じることそのものなのです。

そのゼロではない可能性を信じ抜くことができる人間だけが表現者たり得る。表現するということはどれほど無限の可能性にアクセスすることができる行為なのか、高揚感あふれる力強い言葉で描き出す本書は、何かを表現したいと考えるすべての人に対する最高のエールにもなっていると思います。

# 第4章

# 戦略——コアアイデアをどう生むか

## 本質発見力を身につける

本章では、クリエイティブをビジネスに応用するうえで核心部分といえるコアアイデアをどう生み出すか、いよいよ具体的なメソッドについてお伝えしていきます。社会に対して新しい価値を生み出すには、どこをどう攻めるべきか、大きな図面を描く戦略が問われます。

コアアイデアとは、社会の現状を一発でひっくり返すような〈変化の触媒となる〉考え方です。**ものごとの本質を見抜いたうえで、最短距離で急所を突くような思考**が必要になります。これはマーケティング（市場がどこにあるのか、規模はどれくらいか、その市場における競争相手は誰か、といった分析の積み重ね。それによって、利益獲得の蓋然性を高めていくプロセス）と合わせたときに、より現実的な戦略として機能します。

コアアイデアが先行して、マーケティングで補強することもあれば、マーケティング調査からコアアイデアが導かれることもあります。いずれにせよ、この「変化のきっかけになる考え方」であるコアアイデアがなければ何も始まりません。

先にも触れたように、コアアイデアを考え出すには、「本質発見力」×「世界の複数性への理解」が必要です。

まず本質発見力とは何かからお伝えしていきます。

目の前にティッシュがあるとします。「これティッシュだよね、鼻をかむための紙にしか見えないよ」という人と、このモノの本質的な意味を取り出せる人がいます。後者は、「ティッシュはあらゆる液体を受け止めるもの」「人の生理的な快適さをサポートするもの」「使用者と生活空間を衛生的にするもの」といった、対象の持つ世界に対する個別の意味を抽出することができます。目に見える現実を言葉にして「抽象化」するプロセスと言ってもいい。

あるものやサービスの価値を、個人やユーザーの視点ではなく、社会においてどういう価値を持っているかと可能性ベースで考え直し、言語化する。そのモノや現象の意味の本質的構造を見抜き、かつ、従前よりもいっきに可能性を広げる言葉でつかむのです。

例えば、ペットボトルの緑茶はただの「お茶」ではなく、「もっともナチュラルなカフェイン飲料だ」としてみます。するとお茶好きだけでなく、カフェインを必要とするビジネスマンにもロハスの意識が高い人にも訴求力が出てきます。

ある英会話の本が「教科書」ではなく、「人生のパートナーになる本」、あるいは「世界15億人とつながるパスポート」と言われたらどうでしょうか。本質を突きながら、より幅広い層の心に響く、市場がいっきに広がるような言語化ができます。

シンプルなケースでは、本質発見（新しい価値の言語化）がそのままコアアイデアとなります。先の例（49頁）のような、「ＣＯＧＹ＝あきらめない人の車いす」は本質発見であると同時に、企画全体を駆動するコアアイデアとなっています。

多くの場合、商品やブランドの本質をまず言語化し、そこから企画（またはプロジェクト）として何をやるべきか、変化の触媒となるコアアイデアを考えるという二段階を踏みます。

ＧＯが手掛けたケンドリック・ラマーというアメリカのヒップホップアーティストの来日キャンペーンにおいては、ラマーは単なる「有名ミュージシャン」ではなく、「２０１０年代におけるもっとも偉大な歴史上の重要人物である」と本質を捉えました。

普通、人気ミュージシャンの来日キャンペーンなら、曲をたくさんの日本人に聴いてもらおう、新しいアルバムが聴けるクラブのような場所でイベントをやろうと考えるでしょう。しかしラマーは、アルバム『DAMN.』でヒップホップアーティストとしてはじめてジャーナリズムの権威であるピューリッツァー賞を受賞するなど、自身の音楽を通して、貧困やマイノリティに対する差別に抵抗し、社会的・政治的なメッセージを強く発信してきた人物です。いわば現代のブラック・パワーの象徴です。

そこから、当時、日本の政治で〈不都合なものを隠す〉象徴になっていた黒塗り文書に、『DAMN.』（クソが！）というアルバム名が上書きされたメッセージ広告を、東京メトロの国会議事堂前駅と霞ケ関駅にのみ掲示するという「コアアイデア」が生まれたのです。当時の僕たち日本人は、報道などを通して〝黒塗り〟文書をたびたび目にしていました。政治家の不正を暴こうと文書の公開を求めても、大半が黒く塗りつぶされた状態で開示される。〝黒塗り〟は、権力による隠蔽《いんぺい》や抑圧の象徴です。

それらに対する抵抗や挑戦は、ラマーの音楽活動に対するモチベーションと構造的には近いのではないか。『DAMN.』（クソが！）が頻発する広告を日本の中枢機関がひしめく駅に掲げたのは、民衆の声を封殺しようとする権力への壮大な皮肉であると同時に、ラマーが何者たるかをこれ以上ない形で示せると考えたからでした。

このように、ものごとの本質を見抜いて社会の中での意味を捉え直すことが、既存の価値観をひっくり返せるような大胆なアイデアの出発点となります。

## A↓Bに翻訳して認識を変化させる

本質発見力とは、シンプルにいえば「これってこういうことですよね？」と世の中での大きな意味に置き換えられる力です。望ましい変化の方向へと翻訳する力といってもいい。これをできるだけ解像度高く言語化（表現）するのがクリエイティブの肝です。

本質を見抜く感覚を持っている人と持っていない人はわりとくっきり分かれます。例えば広告代理店のクリエイターといえど、2割の見えている人と8割の見えていない人で成り立っている。2割の人が生み出したコアアイデアをもとに、コピーのアレンジをしたり、展開のバリエーションを考えたりするのは、残りの人でもできます。これはセンスのいい悪いとはまた別の話で、すごくデザインやコピーのセンスはいいのに本質発見力においては解像度が低い人や、逆にセンスはイマイチだけど、的確に本質を摑んでいる人もいる。

むろん、人によって得意分野があります。しかし自分で会社を立ち上げて、若手のクリエイターを育てなければならなくなったとき、全員に本質発見力を持ってもらう必要性を痛感しました。正直これができるできないでクリエイター一人が稼げる額は一桁違ってきます。逆にいえば、本質発見力のある体質をインストールする教育ができればGOはトップクリエイターを量産できるわけです。

いわばマンガの『鬼滅の刃』におけるアザのように、本質発見力が発動するようなスイッチとは何か、そんな思考の体質をインストールするにはどうしたらいいか現場で考え抜いたのが本書のメソッドです。

まずそのものの特徴や価値を、A→Bと置き換えて、シンプルに認識の方向性を変化させてみましょう。

例えば、これを置き換えるとしたらどんな変化が可能でしょうか。

〈野球スタジアム〉

まずは本来的な機能や特徴、そのものの価値を洗いざらい書き出してみます。

野球スタジアム→野球を観戦できる、選手を応援できる、時間をつぶせる、家族や友達と遊びに行ける、叫べる、熱狂できる、テンションが上がる、観客と一体感を持てる、ビールを飲める（ビールがすすむ）、つまみを食べられる、売り子さんがかわいい、風通しのいい屋外で飲める場所、選手のプレーをライブで見る一期一会の空間、地元住民のいこいの場、学校の部活やクラブ活動で野球をやっている子も多く来ている……

そのものの価値をできるだけ発見し、ブレーンストーミング的に書き出します。これはいわば翻訳候補です。広告クリエイティブの現場では、この段階で100通りくらいの価値を抽出してまず言語化していきます。

さまざまな要素が挙げられると思いますが、変化を引き起こす本質を発見できるでしょうか？　散らした無数の価値の中から、どう一案を選ぶのか。

このとき徹底して考え抜いてきた価値の発見をいったん置いておいて、完全に一般ユーザー側の気持ちに立ってみます。現在、そして未来のユーザーの立場から、これだったら気になるな、気持ちが惹かれるな、わくわくするなという価値を「迎えにいく」のです。新しいユーザーが出会ったときに一番幸福な体験となるものはなんだろうと考える、それが選ぶ作業です。

よく案を「絞る」という言い方をしますが、僕の感覚では、それまではブランド、社会視点で積み上げた思考の選択肢を、ユーザー視点という全く逆の立場から「迎えにいく」イメージです。

横浜ＤｅＮＡベイスターズの初代社長・池田純の場合、無数の価値の中からいわば「スタジアムはでっかい居酒屋だ」という本質発見をしました。そこから、野球観戦はつまみでいい、仲間や家族がわいわい飲んで楽しめる場所にする（「コミュニティボールパーク化構想」）というコアアイデアが生まれます。

それまで、野球が好きな人、横浜ベイスターズが好きな人に来てもらうというスポーツビジネスから、神奈川県下１０００万人がマーケットで、野球にさほど興味のない人にも来てもらうという顧客ビジネスへと大転換した。特に30～40代男性の「アクティブ・サラリーマン」層をターゲットに野球に興味がなくても楽しめる空間にした施策が功を奏し、横浜スタジアムは観客動員数を１１０万人（２０１１年）から１９４万人（２０１６年）と飛躍

## 〈変化を引き起こす〉本質を発見する

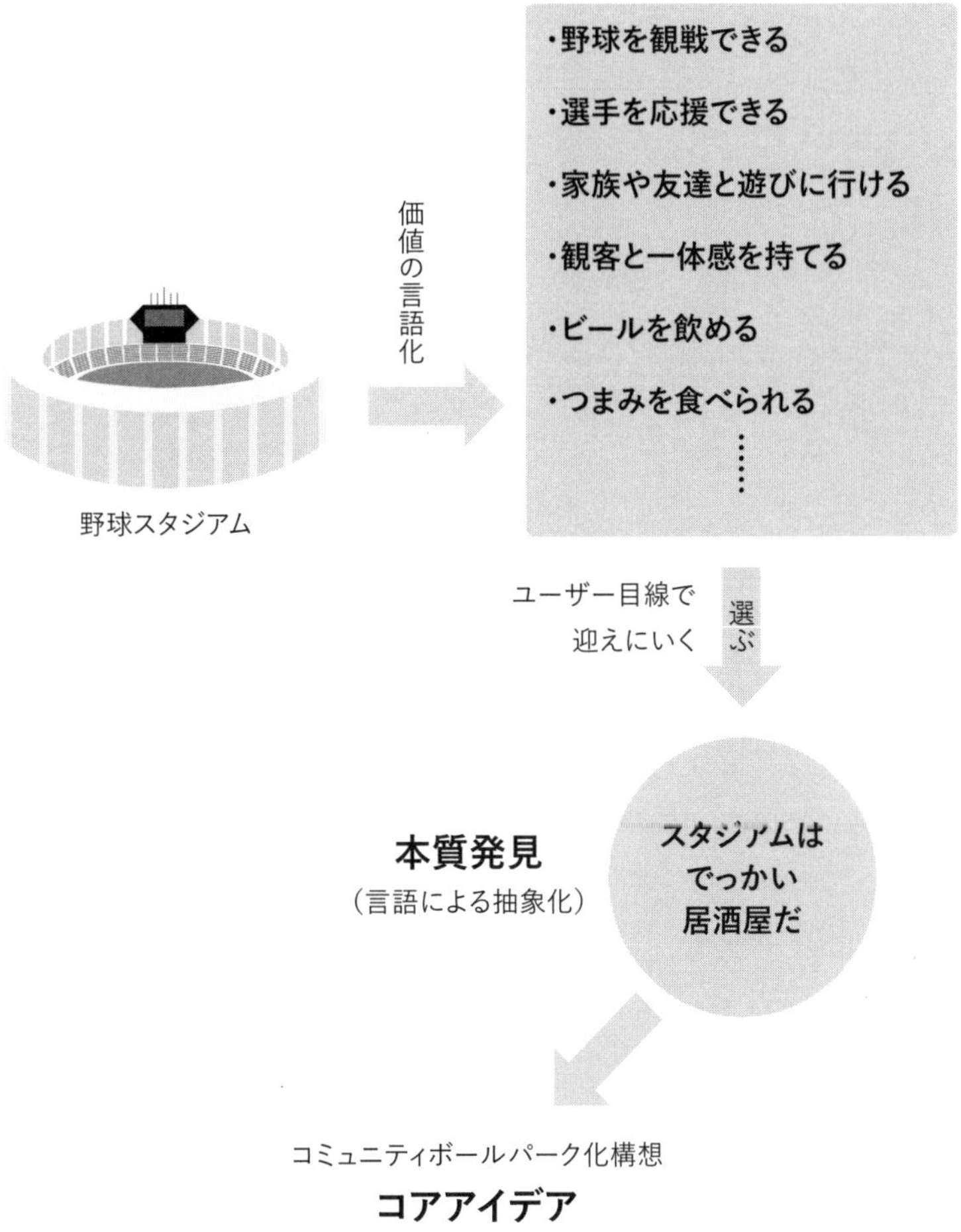
野球スタジアム
価値の言語化
・野球を観戦できる
・選手を応援できる
・家族や友達と遊びに行ける
・観客と一体感を持てる
・ビールを飲める
・つまみを食べられる
……
ユーザー目線で
迎えにいく
選ぶ
本質発見
（言語による抽象化）
スタジアムは
でっかい
居酒屋だ
コミュニティボールパーク化構想
コアアイデア

的に増やすことに成功。年間25億あった赤字を解消して見事V字回復を果たしました。

たった一つの認識の転換が変化の触媒となって、新たなマーケットを切り開いた好例です。

## 「社会」「未来」「人生」3つのベクトルで変換する

この「AはBである」という本質に根ざした変化のきっかけを発見するには明確なコツがあって、「社会」「未来」「人生」の3つのベクトルで考えるとうまくいきます。

①社会に対してどんな意味があるか
②未来で広がったらどうなるか
③自分にとって、あるいは熱狂しているユーザーの人生にとってどんな意味があるか

まず①の説明からです。商品やサービス、あるいはそのプロモーションは、当然ながら、ユーザー目線で設計されています。しかしここでは、あえてユーザーの視点をいったん脇に置いて、社会全体においてどんな価値があるかを考えます。

例えば、牛丼チェーンの吉野家。「うまい、やすい、はやい」のキャッチコピーは有名ですが、これはユーザーの立場から見たメリットです。

では「社会」という視点に変換してみると、どんな姿が浮かび上がるでしょうか。おいしい牛丼が、注文した1分後には目の前に提供される。しかも、並盛一杯387円という驚異的な安さ。こんなサービスを全国どこでも統一されたクオリティで享受できるのは、世界を見渡しても極めて稀なケースと言えるでしょう。

結果、外国から来た観光客もその味やサービスに感激します。日本を訪れたら吉野家の丼を体験してみたいと思う。つまり、社会から見たときに「吉野家の牛丼は日本が誇る有数の観光資源だ」という着想につながります。

2番目の「未来」は、「社会」の発展形です。

社会的な視点に、時間軸を掛け合わせてみましょう。もしも将来それが普及していったら社会はどう変わるのか、未来のユーザーがその会社のどんな製品とどんな出会い方をしたら、幸福な関係が生まれるかについて想像を働かせます。

吉野家は今、国内に1200店舗ほどありますが、さらに店が増えて全国津々浦々にコンビニのように展開されたとしたら、何が起こるでしょうか。低価格でお腹いっぱい食べられる店が、すぐ近くに存在する。学生や生活に困窮した人たちのソウルフードになる可能性もあれば、介護施設や老人ホームに丼をデリバリーしたり、子ども食堂的な機能を持ったり地域のフードバンク的な存在になるかもしれない。ここから「吉野家は日本のライフラインになる」というアイデアが一つ生まれます。

あるいはリコーの例でいうと、オフィス用の複合機から電子ホワイトボードまで労働効率を高める製品を出してきたリコーは、いわば「労働の生産性を追求」してきた会社です。でもこれからの未来において、生産性の向上はＡＩが多くを担うようになり、人は人でないと思いつかない創造的な仕事へとシフトしていく。

そこで、「リコーは労働の（生産性ではなく）人間性を追求する会社である」と定義したらどうか。オフィス機能と人間のもっと幸福な関係だったり、社内外のコミュニケーションをもっと心地よいものにしたりするさまざまなサービスの展開が考えられるかもしれません。

未来に変換したときに、世の中がよくなるビジョンを具体的に思い描けるのがすぐれたコアアイデアです。

そして３つ目が「人生」です。その商品やサービスは自分の人生にとってどんな意味があるのか、極私的な視点で考えます。自分がそのサービスと関係が遠いときには、熱狂的なユーザーにとってどんな意味を持ち、どういう使い方をしているのか、なぜ支持してい

### A→Bに翻訳する3つのベクトル

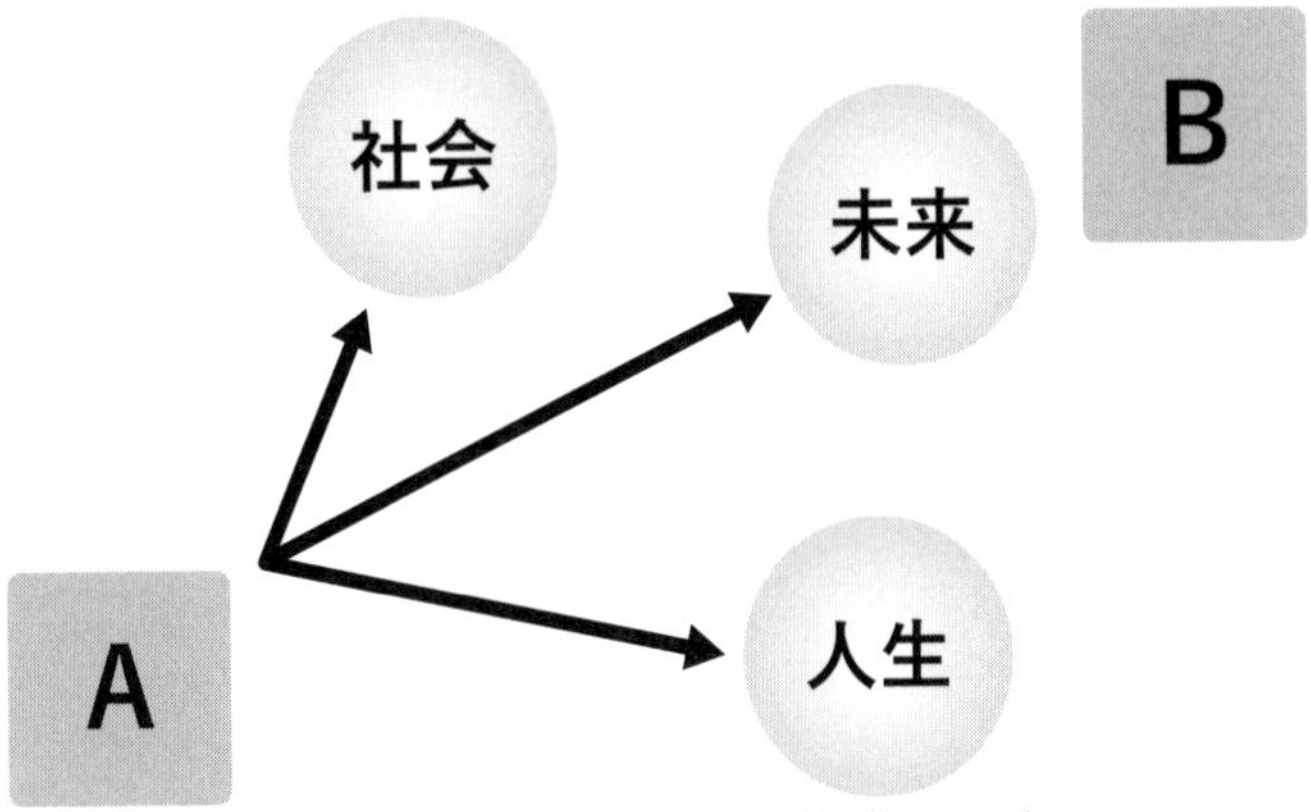


るのか、そこに大きなヒントがあるのです。

吉野家の熱心なファンは、「つゆだく」「つゆだくだく」「つゆぬき」「ねぎぬき」とさまざまな用語を駆使してアレンジを楽しんだり、牛皿だけをお酒のつまみにして飲んだりしています。そこから「吉野家はつまみをオーダーメイドできる居酒屋だ」と定義して、ビジネスチャンスを広げることも可能かもしれません。実際に「吉呑み」という吉野家で飲み会をする行動が言語化されています。

その商品の本来的な用途とは少し異なる、自分なりの使い方や楽しみ方を見つけている熱心なユーザーがいます。それは大きな可能性を秘めた先端的な事例かもしれず、その熱狂を拾い上げて、一般化してみるのも有益なアプローチです。

マンガ『キングダム』のプロモーション企画の例を紹介すると、まず僕は人生視点で、すなわち自分にとってどんな意味を持つのかを突き詰めていったときに、非常に面白いバトル少年マンガであるだけでなく、自分の仕事にすごく役立っていることに気づきました。身分の低い少年が将軍へとのし上がっていく立身出世の物語は、配下に束ねる兵士が規模ごとに変わるマネジメント術として読むことができる。実際、周りの読者にヒヤリングしてみても、例えばスタートアップで起業した友達などが「やっぱ『キングダム』ってビジネスに効くよな」と言っている。

自分を含めた一部の読者は『キングダム』をビジネス書として熱心に読み込んでいる。ただ、「リーダー論としても学びの多いマンガ」というのは、読者層全体で見たときに、ちょっと例外的な楽しみ方という位置づけでしかなかった。

しかし僕はそこにマーケットを広げる大きな可能性があると直感して、コアアイデアとして明確に言語化しました。『『キングダム』は日本一売れているビジネス書」と言い切り、ビジネス書風の表紙に切り替えてキャンペーンを展開したところ、はまる経営者やビジネスパーソンが続出して、大きく売り伸びたのです。

このように自分や熱心なユーザーの人生との関係性を見つめることで、そのものの本質的価値を発見しやすくなります。売れ行きが芳しくない商品でも、まったく売れていないというわけではなく、一部の熱心なユーザーを抱えていることがあります。そういう人たちの商品の使い方は、プロダクトの一番本質的な魅力や発展性を照らし出してくれる可能性が高いので、十分に検証してみることをおすすめします。

このように3つの視点で変換してみると、この方向性だとわくわくするな、大きくマーケットを広げる可能性があるなといった、変化の理想像が見えてきます。そこが糸口になってコアアイデアが生まれます。

逆に本質的な発見をともなわないまま、いくら売るためのアイデアを考えても、小手先で終わります。本質を抽出してはじめて、多くの人の心に響く企画を生み出すことができます。

## 抽象化のプロセスに有効な方法

本質を摑むのにもう一つ効果的なアプローチは、「抽象化のプロセス」を丁寧にやってみることです。これは、拙著『言語化力』でもふれたことですが、企画が複雑な案件ほどクリアに分析することができる、先の3つのベクトルへの変換といわば両輪の関係にある言語的なアプローチです。

・固有名詞をのぞく
・時系列を無視する
・行為（商品）と現象の関係性だけにフォーカスする

つまり、極力シンプルに構造だけ抜き出すという作業です。具体例で考えたほうがわかりやすいので、本を朗読した音声コンテンツを売るオトバンクで、GOがプロデュースした新サービスでご説明しましょう。

オトバンクはベストセラー書籍を中心に2万3000点のオーディオブックコンテンツをそろえたプラットフォームを展開する会社です。業績をもう一歩伸ばしたいと考えたとき、オーディオブックの事業規模やこれまでの実績、30〜40代のビジネスマンが中心購買層といったマーケティング情報はいったん置いておいて、まず「オーディオブックとは何か?」という商品と現象の関係性だけにフォーカスしました。

・耳で聴くもの
・歩いたり交通機関に乗ったり移動中にも聴ける
・何かをしながら、あるいはちょっとした空き時間でも楽しめる
・目で読むより楽（音で聴いたほうが頭に入りやすい本も多い、特にビジネス書は）

これらのことから端的に本質を抽出すると、

「オーディオブックとは、もっともコストパフォーマンスの良い読書体験である」という抽象化ができます。「読書」はコスパで判断しにくい文化体験だからこそ、この発見には意味があります。この本質発見を起点に、日本のビジネスパーソンの8割くらいが本当はもっと本を読みたいが忙しくて読めていない、多くの人は新社会人になるときに読書離れをしやすい、だが会社側は社員たちにもっと読書をしてほしいと思っている、というマーケットのニーズを踏まえ、「企業が主体になって社員全員に本を定期的に配れるサブスクリプションサービス」というコアアイデアが生まれました。

そうして立ち上がったのが、メディアや金融、人事など各ジャンルの専門家が選んだオーディオブックが毎月2冊届くB2B（Business to Business）事業「オーディオブックキャンプ」というサービスです。企業単位で契約してもらうことで、社員が本に接する継続性が生まれますし、オトバンクの収益性も安定します。

このように数字や付帯的な要素にとらわれず、まずものの本質を言語化する訓練を積んでいくと、核心をつくコアアイデアが生み出せます。

本質発見力はトレーニングでどんどん磨くことができます。日常生活の中でこのものの本質はなんだろうと常に考える思考の癖をつけます。最初はメモでもノートでも書き出してみるとよいでしょう。慣れてくると、今説明してきたような作業が頭の中でさっとスピーディにできるようになります。

抽象化した要素を「社会」「未来」「人生」の3ベクトルに変換させてもいいですし、3つのベクトルで広がったイメージから、シンプルな抽象化へと練って考察するのもいい。素材によってやりやすいアプローチでかまいません。いずれにせよ、言語で本質発見の作業を突き詰めていくことがコアアイデアを生むのにもっとも早くて効率がいい。

本質発見力はなにも企画発想に限らず、仕事全般のやりとりの質も格段に高めてくれるでしょう。「あ、この人わかってるな」という人と打ち合わせするのは、コミュニケーションの質が高くスピードも速いですから。

## 世界の複数性を理解する

さて、本質発見力によって摑んだものは、必ず社会の複数の視点から見つめ直す必要があります。

例えば、「死ぬときぐらい好きにさせてよ」（宝島社、2016年）という有名なコピーがあります。女優の樹木希林さんがオフィーリアのように横たわったこの「死」をテーマにした衝撃的な広告は、世代を超えて多くの人が死について考えるきっかけとなりました。

こうした踏み込んだテーマを扱うときほど、これをつらい持病を抱えながらも必死に生きている、あるいは末期の病を抱えた人が見たときにどう思うか、現場の医師や介護従事者たちはどう感じるか、あるいは若い人はどんな感想を持つだろうかと、複数の視点へ細やかに想像力を働かせる必要があります。無数の他者が絡み合って同時代の空気は形作られています。

そんな世界の複数性を踏まえた「多面的な思考力」を持たないと、多くの人の心に響くもの、あるいは社会にとって真に有益な価値は生み出せません。特にコピーライターは職業的にこの多視点を大切にしています。

・今、自分が生きている実感のある現実とは違う世界が無数に広がっている。
・自分が生きているルールだけではない別のルールが世界には無数にある。
・その世界の変化や集合無意識は確実に互いの人生に影響を与えている――。

直接見ることはできなくても、世界の複数性を理解し、肌感覚で感じ続けることがクリエイティブな行為には絶対に必要不可欠です。

僕たちの生きている世界の中には別の目に見えないルールがある、それがゴーストのようにいくつも存在している。そんな世界の見えない本質や、人々の無意識がつくり出しているものが「見えてしまう」人が天才アーティストとも言えます。

「そんなものまったく見えませんよ」という人たちがいて、「そのあたりに幽霊がいるかも」と感じ取れる人が一定数いて、「いや幽霊じゃなくて人がくっきり見えるんですけど……」というのが天才アーティストなんです。

ある有名な歌手が一時期活動休止していたとき、駅の自動改札を利用しようとして泣いたというエピソードがあります。普通の人からしたら「は？」と思いますよね。でも自動改札という仕組みによって人間がどれだけ楽になったか、この仕組みをゼロからつくった人がいるということに感動して泣いたそうです。それを生み出し成立させている無数の人の手と、その便利さを享受している無数の人の網の目の中に自動改札は存在している。

もう最初から見えているものの質がぜんぜん違います。僕らがおぼろげにグレーに見える物事の本質とか世界の秘密みたいなものが、くっきりと現実と同レベルの解像度で彼女らには見えている。それだけの解像度で世界が見えてしまう人は得てして現実で普通の生活を送れない。見たくなくてもわかってしまうから、狂気と正気を行き来してものをつくり出しています。

一流のクリエイターもそこを往還しながら制作している人は多いと言えます。天才ミュージシャンほどの解像度はなくても、あることはわかるし目を凝らせば見える。そこの感度を訓練で高めていくことはできますから。

そんな世界の複数性に、目に見えない世界に気づく「多面的な思考力」がクリエイティビティの正体です。

実は複数の視点への多面的考察は、同時に**「みんなが共通して持っている欲望」を発見する力**にもつながります。世の中の集合無意識への気づきです。今みんなはどんなことにストレスを感じていて、どんな願望を持っていて、どんなものやサービスを潜在的に求めているか。

この見えないもの――まだ世の中に顕在化していないみんなの欲望――に気づけるかどうかがクリエイティブの分かれ道とも言えます。20世紀の人間に関する発見の中でもっとも大きなものの一つに、フロイトの無意識という概念があります。人間には広大な潜在意識というものがあって、無意識がさまざまな影響をコミュニケーションや行動に与えているという真実――個々の無意識の総和が社会の空気を形作っています。

そんな人間感情であり欲望の源に対する強い好奇心がすぐれたコアアイデアを生みます。このとき、最初から今の大衆の空気は何か、次のトレンドは何かと雑駁《ざっぱく》に考えるとたいていうまくいきません。時代の空気とはあくまで個の総和です。こういう立場のこういう人はどう感じて生きているのだろうと、個々の視点、感情をできるだけ具体的に身体感覚で感じとる必要があります。

## 人間の感情への解像度を高める

では、人の感情を多面的に、かつ解像度高く読み取る能力を高めるにはどうしたらいいのでしょうか。

まず一つ目は、「己の価値観を揺さぶられる人生経験をできるだけ多く積む」ことです。人間の深い欲望や感情に対して何か気づきを得た経験の多い人ほどクリエイターとして強い。僕はこの業界を志望する学生たちに常々こう言っています。

「本気でクリエイターになりたかったら、一年間広告の勉強をするよりも真剣な恋愛をしたほうがいいよ」と。「どうしたらこの人に気に入ってもらえるのだろう、どうやったらこの人に喜んでもらえるかな」と追い詰められながら思考する経験にかなう人間感情の研修制度はないからです。

他者に深く寄り添って、傷ついたり喜びを感じたりした経験の多い人は、それだけで「人の心を動かすものは何か」というクリエイターに必要不可欠なセンスが磨かれています。**センスとは経験知からくる咄嗟《とっさ》の判断力**です。かっこいいものを100個見たことのある人は、次に新しいものを見たときにかっこいいか悪いかが判断できる。古物商の研修では、美術品や骨董品の目利きの力を鍛えるのに、いいものと悪いものを比べさせるのではなく、延々といいものを見せ続けるんだそうです。すると、悪いもの、贋物《にせもの》を見せたときに「これは違うな」とぱっとわかるという。

人間の感情も同じです。自分が心から感動したこと、泣いたこと、笑ったこと、その蓄積の豊かさが、ひとつのコピー、企画の良し悪しを判断させ、すぐれたクリエイティビティを発露させる。

特に映像クリエイターにとって感情記憶のバリエーションが豊富な人は、感情が動くツボをコラージュできるので、強い映像表現をつくり出すことができます。失恋したあとに見上げた空はなぜかグラデーションが鮮やかに見える、去りぎわの電車の後ろ姿は寂しい、放課後の教室の黒板はどこか懐かしい……そうした体の中に眠る記憶の風景が大きな財産となります。

僕がAKB48の「願いごとの持ち腐れ」(作詞：秋元康・作曲：内山栞)という曲のMVのクリエイティブディレクションを手掛けたとき、メンバーたちが実際に廃校となる小学校を訪ねて児童たちと触れ合うドキュメンタリー性の強い映像にしました。歌詞に「願い事に悔いはない　自分のためじゃ迷うだけ」という印象的なフレーズが出てくるのですが、「人は誰かのために生きているときのみ本当に生きられる」というのがこの曲の本質だと捉えました。だからこそ、彼女たちが必死になる姿を撮らないといけないと思った。

アイドルとして芸能界で経験を重ねてきた彼女たちとフレッシュな子どもたち、別れの悲しさとその中にあるほのかな期待——二律背反の中で悲しい状況の中にも喜びのあるエモーショナルな風景を立ち上げたかった。人は出会うためには別れなくてはいけないですから。

映像は人間の気持ちを動かす力が一番強い表現です。なぜなら映像は半分がストーリーを象徴する絵で、半分が感情をコントロールする音楽でできている。右脳と左脳に同時に働きかけられるのが映像という表現の圧倒的な強さです。逆にいうと、絵と音楽のバランスを考える力に優れた人が感情に強く訴えかけられる映像を生み出せると言えます。

ちなみにこれからの映像クリエイターは「尺」×「スクリーンのサイズ感」で専門領域が分かれていくでしょう。従来が、映画、テレビ、CM、MVといった映像のジャンルで分けられていたとしたら、今後は6秒や15秒の短い表現が得意なのか長尺でストーリーやドキュメンタリーを立ち上げるのが得意なのか、映像のサイズ感はスマホなのかテレビなのかデジタルサイネージなのか映画館が得意なのかが問われます。映像クリエイターは自分がどの尺とサイズ感において強みがあるかに自覚的である必要があります。

挫折体験もまた、感情記憶の幅を広げ、世界の複数性を肌身に感じて多面的なものの見方が体に刻まれる機会となります。自分がものすごく努力や工夫をしても、人生は思い通りにいかないことがある。絶対に面白いと思って全力を尽くしても、別の論理で動いている人たちから全否定されることもある。

否定される悔しさを知る人は、世界の複数性を、すなわち自分と、無数にいる他者とのあいだにある深い溝を体で知っています。そのはかりしれない溝を飛び越えて、刹那、言葉でつながり、価値観を共有する喜びもまた知っている。若いうちにそのことに気づけるかどうかは大きい。

僕自身の挫折体験でいうと、博報堂に入った最初の一年、何を言ってもずっと徹底的に否定される時期がありました。生意気なやつは一回叩き潰してから再教育するというチームの方針でしたから、僕が何を発言しても「お前の考えは浅すぎる」「学生時代は調子にのってこられたけど社会はそんなに甘くない」と、ボロクソに言われ続けた。一年くらいこれをやられて、もう人前で話すのが怖くなるくらい精神的に追い込まれました。

叩かれ続けて、ついに逆上したこともあります。「そんなふうにわーわー上から言われても、僕、絶対成長しないっすわ。僕は褒められて伸びるタイプなんで」と。そしたらますます会社で口を利いてもらえなくなりました。ようは干されたのです。すごく過酷な日々でしたが、一方で、こっそり書いた論文が賞をとったり、副業でやっていた放送作家やITコンサルの仕事は順調だったりした。それでも結局、「僕は何のために博報堂に入ったのだろう……」と考えて、上司に「仕事がしたいです」と泣きながら詫びを入れたという苦い経験があります。

僕の場合は「会社」という組織の中で働くことで、世の中には自分の知らない世界があって、自分の知らないルールで動いていることを痛感しました。これは自意識や自己評価が高い人ほど気づきが大きいのかもしれません。

「なんで物事がうまくいかないんだろう、俺はこんなにすごいのに」と思っている人ほど、世の中は自分の見ているものだけじゃないと身をもって感じる機会に恵まれやすいからです。ただ、挫折体験は若いタフネスがなければ精神を病んだり、それをバネにすることは難しいという側面もあります。あまり長期にわたると学びよりもダメージのほうが大きいですし。

だから必ずしも挫折の経験でなくてもいいんです。世界の不条理にさらされたとき、そのわからなさ、不可解さを（できればある期間、集中的に）問い続けることが、世界の複数性への感度を高めます。

## 圧倒的な量のコンテンツにふれる

もう一つ、多視点の感度を高める方法は、異常な量のコンテンツにふれることです。作家やアーティストのつくり出した作品は一つの別世界です。人間感情という井戸の底に深く降り立った作家が見つけた別世界の形跡と記憶——それらに大量にふれて、その世界のルールを分析し、体感する。そんなことを数年間浴びるようにやっていると、世界の複数性が自然とインストールされます。作家が描き出す原風景や深い感情体験が記憶の層にストックされていく。いろんな人の感覚で多面的にものを見る思考の癖が身につくのです。

また、先にご紹介した教養としての人文・哲学系の古典10冊は、クリエイティブな思考体質をインストールするうえで特にすぐれたコンテンツです。構造主義や実存主義といった思考のフレームワークを持っておくと、人間と社会に対する理解も格段に深まるでしょう。

圧倒的な量のマーケティングをすることも、世界の複数性へのセンスを高めます。世代、地域性、収入の違いによるクラスターの生活感覚をリアルな手触りでイメージできるようになり、「マーケティングセンス」が磨かれるのです。同業のクリエイターを見ていても、事例を数多く知っている人は、やはりいい仕事をしています。成功事例・失敗事例を数多く分析して勉強しているので、手札が多い。学び続ける力の勝利ともいえます。

センスは才能というよりは、経験の積み重ねからくる身体的な判断なので、訓練で身につきます。再びCOGYの例でいうならば、足こぎ式車いすの本質をA↓Bでいろいろ出していく中で、「これってプロダクトの話をしたってわかりにくい、ユーザーの人生の話をしたほうが届くんじゃないかな」と生活者目線で気づけるのがマーケティングセンスです。「この車いすを社会に伝えるうえで、プロダクトではなくユーザーを主役にすべきだ」というマーケティングセンスをベースに、「あきらめない人の車いす」というコピーを生むのは技術で容易にできます。ユーザーを主役にしたキャッチコピーをある種、順列組み合わせ的に多く考えた中から選べばよいからです。「ユーザーを元気にする車いす」「使う人の可能性を広げてくれる車いす」「リハビリを応援する車いす」……語彙力によってたくさん翻訳候補を出す作業といってもいい。そこからみんなの心に響くようなエモーショナルなキャッチを選択し、コアアイデアとして言語で定着させる。

こうした言葉による定着力を磨いておくことが、コアアイデアの発想力にも直結します。2000年に出たKDDI（au）の広告は、当時17歳による事件が世間の耳目を集めていたこともあり、当初は高校生の悩みを肯定するという着想だったようです。それを受けたコピーライターの巨匠・秋山晶さんは「ふつうの17歳なんか、ひとりもいない。」という一行を出しました。鮮烈なインパクトを残した時代を象徴する名コピーですが、コピーそのものがコアアイデアとなっている例とも言えるでしょう。

優れたコピーライターがクリエイティブディレクターになれることも多いのは、言葉の表現力とコアアイデアの発想力が密接な関係にあるからです。

## 戦略としてのマーケティング分析

コアアイデアを軸にした戦略を立てるうえで、マーケティング分析は勝ち筋を見極めるために重要な機能を果たします。さまざまな世代や階層、地域によって感じ方、見ている視点がかなり異なることを数値的・分析的に把握します。市場のデータをロジカルに読み解く中で、マーケティングセンスを磨いて、多面的な思考を鍛えていくことができます。

一つの例を挙げると、僕が博報堂時代に携わったミネラルウォーター『い・ろ・は・す』のプロモーションです。２００８年当時、ミネラルウォーターの新商品を売り出すことは、なかなかの難題でした。低価格を売りにした他社商品はすでに多くあり、「安さ」では勝負できない。中身は水ですから、味による明確な差別化も難しい。

しかし、マーケティング調査を行ってみると、光明が見えてきました。カギとなったのは2つの事実です。

一つは、ミネラルウォーターの売上の大半は、コンビニでの販売分で占められていること。もう一つは、コンビニのユーザーは環境意識が高い、ということでした。

つまり、コンビニエンスストアの利用者はエコ意識が高く、環境負荷の低減に貢献したい人が多いと考えられます。しかしその一方で、コンビニに行く人はゴミを出す量が多いという、矛盾するようなデータもありました。これを見たときに、「コンビニに行く人は見栄っ張り」という仮説を立てました。スーパーのほうが安いのに、近所のコンビニですませるちょっと面倒くさがりで見栄っ張りな、いい意味でかっこつけたい人たちなのだろうと。

これらの分析を突破口にして、新しいミネラルウォーターについて「〝自然にやさしい〟をテーマにしたプロダクトにする」というコアアイデアに行き着きました。

こうして、当時、競合製品が訴求していたような価格でも産地でも味でもなく、「環境負荷の低さ」を訴求ポイントに据えて、２００９年に『い・ろ・は・す』は売り出されました。そして、後発ながらも瞬く間に国内トップシェアを獲得したのです。

仮に価格面での訴求を軸に競合商品に勝負を挑んでいたなら、発売後の競争は激しいものになったでしょう。「あっちが値下げしたならこっちも」と、コストカットの必要性に迫られ続けていたに違いありません。

「環境負荷の低さ」という、当時新しかった価値基準をミネラルウォーター市場に持ち込んだからこそ、『い・ろ・は・す』はほとんど戦わずして勝ちました。これぞ、戦略の勝利です。僕なりの解釈では、戦略とは書いて字のごとく「戦いを略す」こと。不毛な消耗を避けて、最短距離で勝ちにいく筋道を考え出すことです。

速度より角度、パワーよりタイミングが肝心です。ビジネスにおける勝負は規模やスピードだけで決まるわけではありません。最短距離で急所をつく戦い方こそが機先を制します。

ちなみに意外かもしれませんが、僕のクリエイターとしての個性は中学・高校でやっていた柔道で形作られています。「戦略」を人生ではじめて真剣に考えたのが柔道でした。決して体が大きいわけでもないし、進学校だったから練習量も限られている中、強豪校相手にどう戦うか？　考えたのが、「人間は知っている技は防げる。逆に知らない技なら防げないんじゃないか」ということ。そこで、背負投のようなオーソドックスな練習ではなく、レスリングやブラジリアン柔術、総合格闘技で使う技の練習に徹底的に励みました。結果、試合では強豪校を次々となぎ倒し、全国大会出場の大躍進を果たすことができました。

そんな成功体験が、どれだけ不利な状況でも戦略次第でアイデアによってひっくり返せるという思考法につながっています。

戦略を補強するマーケティングとは、言うまでもなく、市場がどこにあるのか、規模はどれくらいか、その市場における競争相手は誰かといった分析の積み重ねです。世界の複数性を数字で浮き彫りにしてくれる強力なツールとも言えます。

## マーケティング・コンセプトからコアアイデアへ

ここまでで、コアアイデアを生む基本的な構造を理解できたところで、より実践的な事業プロジェクトにそって考えていきましょう。これはA↓Bの翻訳から発展した上級編的な思考法です。

僕が事業戦略立案とプロモーションのお手伝いをした、三井不動産のシェアオフィス事業「ワークスタイリング」を例にご説明しましょう。

新規事業立案の相談を受けたとき、イノベーションの波が押し寄せる中、保守的な事業形態であるビル事業を今後どうしていくかという強い危機意識がありました。

まず、ブランドの本質的価値を「社会」「未来」「人生」の3つのベクトルで考えます。三井不動産は社会においてどんな存在であるべきなのか、日本の未来においてどんな会社でありたいのか、顧客の人生にとってこのオフィス空間はどんな意味があるのか、変化の波の中で顧客はオフィスに何を求めているのかを、徹底したマーケティング調査やヒアリングとセットにして検証します。

この中で、「社会」というベクトルがもっとも重要なラインとして見えてきました。今、日本全体で取り組んでいる「働き方改革」について、オフィス・不動産企業のリーディングカンパニーである三井不動産として説得力のある回答を提示すべきではないか、という方向性です。働き方改革が推奨され、あらゆる業種の人たちが自由な働き方を求めるようになってきたものの、流行りのシェアオフィスといえばWeWorkのようなもので、イケてるクリエイター職の人や、スタートアップなど新興企業のためのサービスにとどまっている。普通の会社員は取りこぼされてしまっているのではないか。

結果、「普通の人の働き方改革の実現」というマーケティング・コンセプト〈変化の理想像〉が生まれました。

では三井不動産が普通の人の働き方改革を支援するといったときに何ができるか、次にさまざまな事業アイデアを出します。例えば、サテライトオフィス事業、スターバックスとコラボ（街のカフェのオフィス化）、オフィスビル＋公園の一体化、人事制度のコンサル……。当然ここには既存ユーザーであるオフィス利用者や見込み顧客が何を求めているのかヒアリング、情報収集して（世界の複数の視点から）アイデアを補強します。自分が

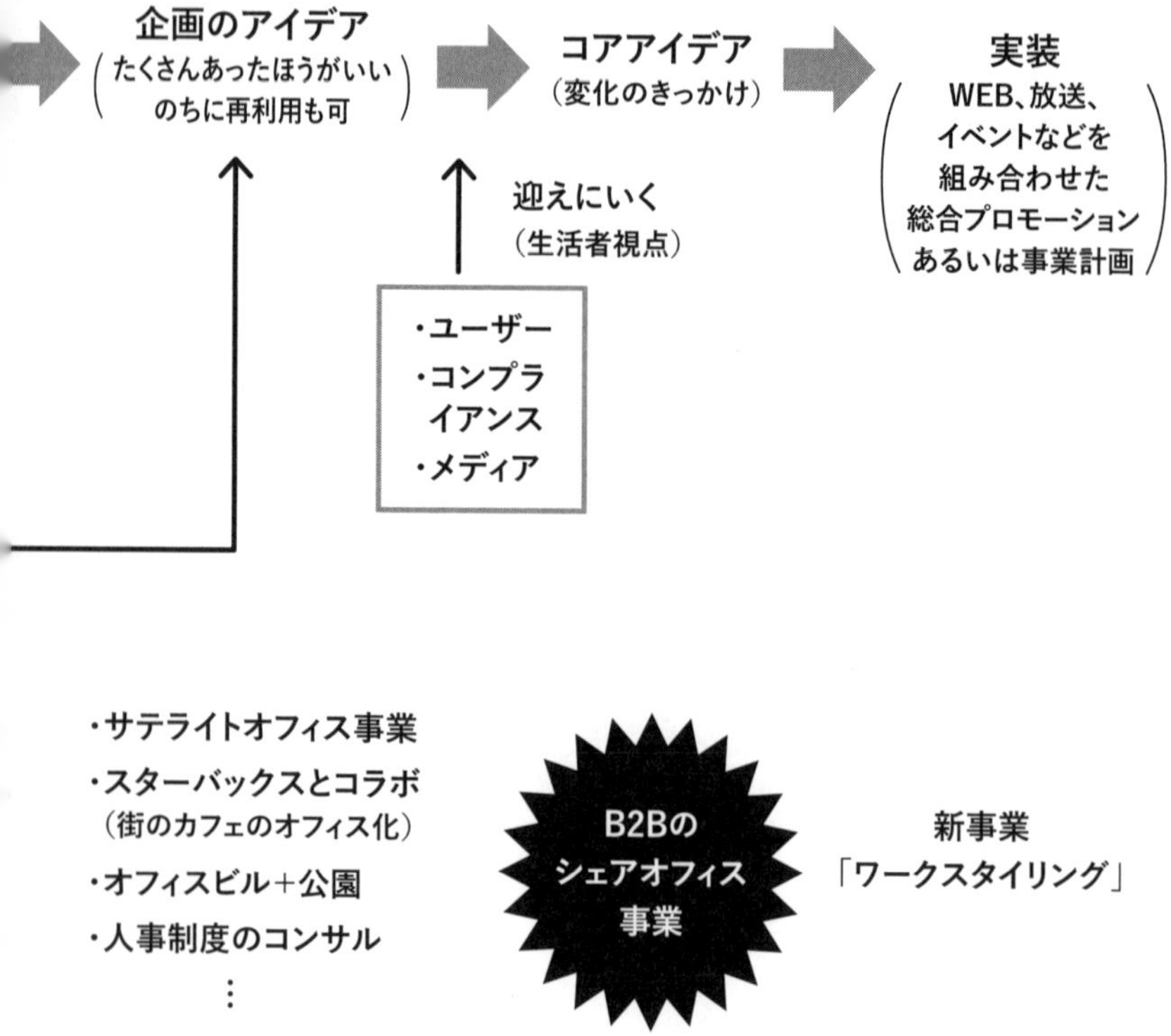
企画のアイデア
（たくさんあったほうがいい
のちに再利用も可）
コアアイデア
（変化のきっかけ）
実装
WEB、放送、
イベントなどを
組み合わせた
総合プロモーション
あるいは事業計画
迎えにいく
（生活者視点）
・ユーザー
・コンプライアンス
・メディア
・サテライトオフィス事業
・スターバックスとコラボ
（街のカフェのオフィス化）
・オフィスビル＋公園
・人事制度のコンサル
⋮
B2Bの
シェアオフィス
事業
新事業
「ワークスタイリング」

## マーケティング・コンセプトからコアアイデアを生む思考法

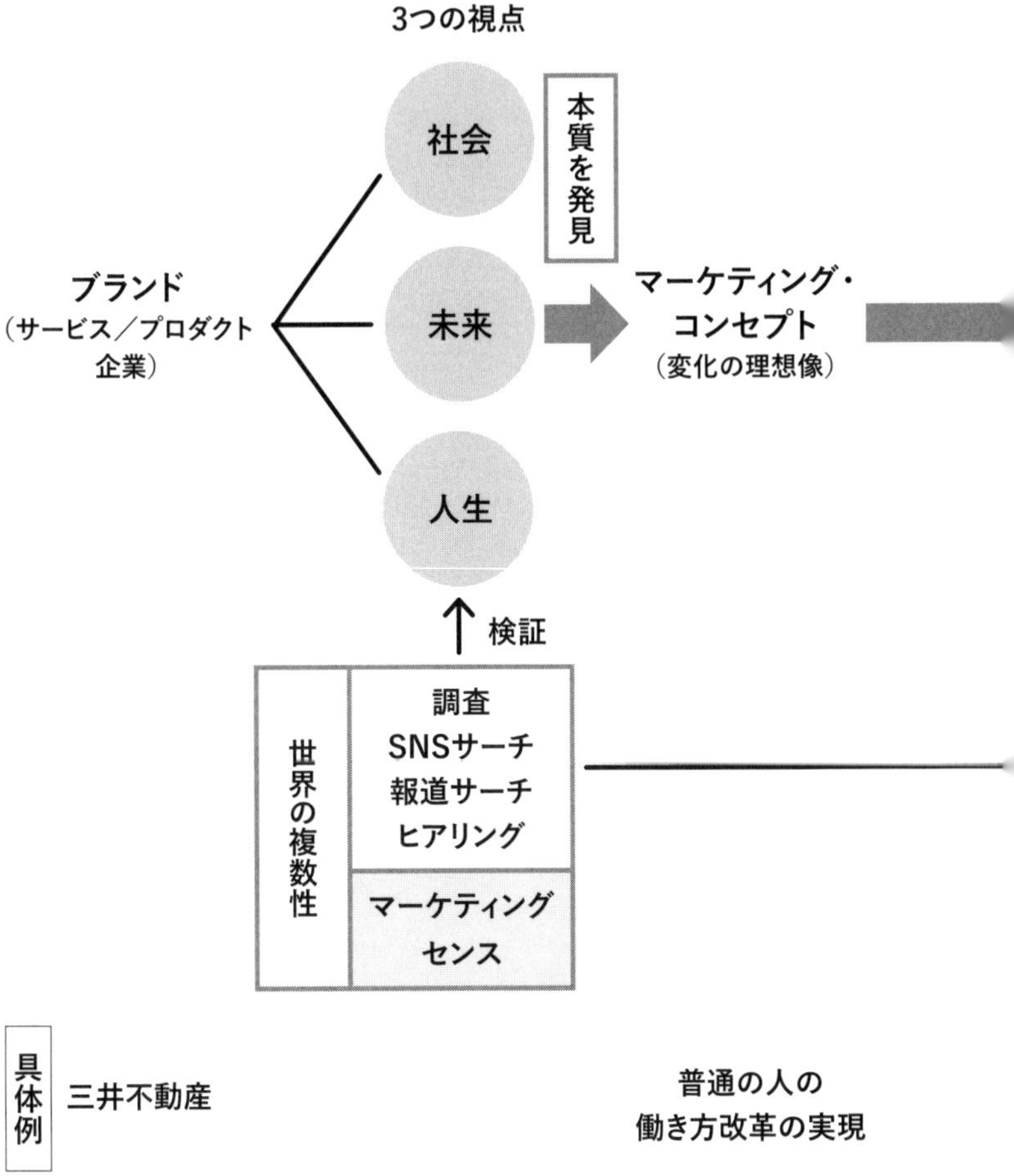

まったく想像していなかった課題や悩みが次々と浮き彫りになるはずです。ここのアイデアはできるだけたくさんあったほうがよい部分です。

そんな中から、「B2Bのシェアオフィス事業」というコアアイデアが生まれました。一般企業の会社員は組織のルールがタイトで、適切に労務管理がなされる環境でなければ社員の自由な出勤形態は考えられない。普通の人にとっての多様な働き方というビジョンを実現させたいのなら、シェアオフィスをユーザー個人と契約するのではなく、企業と法人契約を結んだほうがよい。そのほうが会社員にとっても経営者にとっても改革に踏み出しやすい。世の中のごく普通のユーザー、つまり会社員と、彼らを雇用し管理する総務部長の目線から、このコアアイデアを迎えにいったのです。このユーザー視点には、コンプライアンス上の問題はないか、メディアはどう反応するだろうといった観点を含みつつ、予算的にできるものを選択するわけです。

このときのコツは、それまで積み上げてきた企業寄り、クリエイター寄りの目線、思考のプロセスをいったん全部忘れること。思い入れはいろいろあるでしょうが、つくり手側の論理を一度捨てて、それまでとは真逆の、一般の生活者視点で選ぶのが重要です。

もう一点補足しておくと、さまざまな企画のアイデアから中心となるコアアイデアを一つ選んだわけですが、他を完全に捨てるわけではなく、実装の段階の総合プロモーションの段階で活かせる（再利用できる）アイデアもあるでしょう。だからできるだけたくさんあったほうがよく、マーケティング・コンセプトを決めたあとにこの部分をチームでアイデア出しする場合もあります（ただし、6章で詳しく後述しますが、コアアイデアの発想は基本的に単独もしくは少人数の本質発見力の高い人で行うべきものです。ケースに応じて使い分けてください）。

そうして、〝組織と協調しながら個人の自由な働き方を追求する場所〟というコンセプトで生まれた「ワークスタイリング」は、A社が契約したなら、A社の社員全員が、全国200箇所のシェアオフィスをどこでも利用可能で、各個人は自分にとって最適な働き方を考えて、実践していけるものになりました。一方、入退室時にスマホ認証を行うことで、会社側は誰がどこでどのくらい働いたかの労務管理が楽にできるという仕組みです。今や導入企業500社、総会員数10万人のサービスにまで成長しました。

このように3つのベクトルによる本質発見からマーケティング・コンセプトを導き、コアアイデアを生み出していく思考法も、非常に強力です。

もう一つ重要なポイントをお伝えすると、飽和状態の市場において企業やブランドの課題解決という視点ばかりで考えていると、視野が閉じて小さな企画に終始してしまいがちです。それよりも、その企業やブランドの潜在的価値を使って、いかに社会の課題を解決するかという発想に立つと視野が大きく広がり、スケールの大きな企画が生まれやすい。どんな業界・業種であれ「自社の課題を解決する」ことには誰もが取り組んでいますし、普通に思いつきそうな方法論やアイデアはおよそ出尽くしているものです。

シェアオフィスの事例でいえば、賃貸事業の収益性をどうあげるかという自社の問題解決ではなく、三井不動産という企業のブランド価値や事業を通じて現在の日本社会の問題をどう解決するかという「社会の視点」が突破口となりました。

現在進行形の話題を挙げるなら、新型コロナウイルスの影響でさまざまな業界が苦境に立たされていますが、外出自粛が広がる中で僕がまず考えたのは、出前や宅配サービスのある店に注文を行う宅配ポータルサイトと街の飲食店をつなぐということでした。

外出自粛要請にともなって飲食店の多くが経営存続の危機に立たされているが、従業員はいるし、食材も調理の技術も設備もある。一方、各家庭には、毎度の食事をつくることに疲れ、たまには楽したいという明確な需要がある。

ならば、たとえその飲食店が宅配ポータルサイトに登録していなくても、お店の料理を家庭に届けられるような新しいサービスへと拡充することはできないか、企業のサービスを活用し、社会の課題解決をしたいと考えたのです。

このように社会の中でそのブランドがどういう意味を持っているか、今、世の中はどう動いているか？　そこが重なり合う接点を見つけ出せれば、それはブランドの可能性を大きく広げる優れた企画となります。

もう一点、社会問題の解決を掲げるメリットは、企業の外側に「敵」をおけることです。自社内の改革とか新規事業への挑戦はさまざまなハードルがあり抵抗勢力も出てくるものですが、公共性の高い大きな目的を外側に持ったほうが、見解の違いを超えて団結しやすい。「外食業界の大ピンチに際して一肌脱ごう」とか「地域の医療崩壊を防ぐためにこんなサービスを立ち上げよう」とか、危機的な状況に立ち向かうとき、組織はドラスティックな変化へと踏み出しやすいのです。

## そのアイデアに3つのAはあるか

本質発見と世界の複数性を踏まえたコアアイデアを発想し、実装していくプロセスにおいて、次の〝トリプルA〟という企画のポイントは大きく役立ちます。

トリプルAとはすなわち、アンガー（Anger）、アライアンス（Alliance）、アクシデント（Accident）の3つです。

## コアアイデアに必要な「AAA《トリプルエー》」

**Anger（怒り）**
社会の理不尽や不合理に対して怒る

**Alliance（連帯）**
あらゆる場所にいる仲間たちと結託する

**Accident（事件）**
既存のルールや常識を飛び越えて事件を起こす

まず、一つ目のアンガーとは、社会の理不尽や不合理に対する怒りです。世の中の課題に対する気づきの起点となるものです。

例えば満員電車。もはやそれが日常になっているから、多くの人は「まあ、しょうがないよね」と思うかもしれませんが、そこで「どうしてこんな不快な状態が許されるのか？　ラッシュ時の通勤をもっと快適にできる解決策はないか」と考えるフックにできるかどうか。あるいは、コロナの影響で多くの飲食店がつぶれかけているとき、「かわいそうだね」で終わるのはなく、日本を覆う状況への怒りから、「何かできることはないか」と考えられるか？

日常における大小さまざまな出来事に対して、「他人事」の傍観者にならない感受性、ある種の社会に対する繊細さが必要です。と同時に、怒るためにはタフネスも要る。ここでいうアンガーとは感情的な沸騰ではなく、論理的なものなので、社会の理不尽に対してあきらめない粘り強さが不可欠なのです。

少し話がそれますが、今、社会のさまざまな局面で分断化が進んでいます。SNSと、インターネットにおけるアルゴリズムの影響が大きいのでしょう。SNSによって誰とでもつながれる環境が手に入ったとき、人は、つながりたい人としかつながらなくなってしまった。そして、知りたい情報にばかり接するようになった。それを促しているのが、アルゴリズムです。

新聞や雑誌が主なメディアだった頃、人々はニュースで、知っておかねばならない世界の情報に日常的に接していました。遠い国で起きたデモや虐殺など、個人的に特に積極的に知りたいとは思わない情報でも知る環境があった。

ところが、ネットニュースの全盛とアルゴリズムの登場がその構図を変えました。アルゴリズムは、ユーザーの趣味嗜好や関心領域を分析し、それに基づいて表示する情報に優先順位をつけます。その人が知りたい情報ばかりが手元にやってくる。

ニュースとアルゴリズムというテクノロジーは出会ってはいけなかったのかもしれません。情報にフリーアクセスできるインターネット、誰とでも人脈が築けるSNSによって一気に広がったかに見えた世界は、逆に今、情報がタコツボ化し、人間関係は好きな人同士で閉じられている。そのため社会全体への共通の課題意識を持ったアンガーという感情が芽ばえにくくなっています。

でもこんな時代だからこそ、「自分の世界」の外側、分断された向こう側に思いを馳せるクリエイティブなあり方が必要なのです。僕のいうアンガーとは、社会の理不尽や不合理に対する〝あきらめない姿勢〟です。これは絶対に誰かに伝えたいという強い感情が、世の中をゆさぶるコアアイデアの源泉となります。

## 連帯する、事件を起こす

トリプルAの2つ目は、アライアンス（Alliance）、連帯です。

アライアンスとは、自社の中だけ、自らが属する業界内だけではなく、さまざまな境界線を飛び越えた「想定外のネットワーク」を築いて結託し、世の中を変えていくという発想です。

広告業界でいえば、クリエイターやコピーライターといった業界人だけではなく、メディア側の人や空間演出のプロに仲間に加わってもらったり、あるいはクライアント同士をつなげて何か新しい試みをしたり、連帯によって新しい可能性を広げていく。

ときには競合相手と組むことも選択肢に入れるべきでしょう。コロナの影響で飲食店が苦境に立たされたときに、国内のデリバリー事業者とウーバーイーツが共同で事業に取り組む可能性を模索したり、朝日新聞と読売新聞が事業面において握手することがあってもいい。日本の人口が減っていく中で、縮小するパイを奪い合うのが果たして得策なのかということです。

例えば、ある自動車メーカーがモビリティの技術を活用して、都市開発事業に参入しようとしているとします。もしこれが成功したら、他の自動車メーカーも後追いで次々と都市開発に参入するでしょう。そこで、自治体の利権や利用者数を競い合い、広告費やロビイングの人件費の無駄遣いをするくらいなら、最初から合同でモビリティ×都市開発の産業を作る計画を行政に持ち込んだ方がいい。自動車産業全体の収益機会を増やし、マーケットを拡大することになります。しかも、国内でそのビジネスモデルが確立できたら、国外に輸出することで、世界中で再現可能な日本の新しい輸出産業になるかもしれない。

これまで敵だと思っていた存在は、もっと大きい敵の前では味方になり得ます。今、戦うべき本当の敵は誰なのかを考えて、既存の枠組みや境界線を越え、より本質的な価値を提供するための、あるいは社会を変革するための仲間を募ることが必要です。

GOは社の行動指針の第一原則に「おれたちはファミリーだ」を掲げています。これは社内はもちろん、各クライアント、協力機関、メディア、あらゆる立場に関係なく、志を同じくするメンバーとの絆を大事にする、連帯するという意思表示です。あらゆる場所にいるあらゆる仲間たちと結託することが、クリエイティブの可能性を大きく広げます。

そしてトリプルAの3つ目がアクシデント（Accident）です。既存のルールや常識を飛び越えた〝事件〟を起こす意思を持つこと。

僕は、若手のクリエイターが持ち込んだアイデアに対して、いつもこう尋ねています。

「これって、何の壁を破った？」

確かめたいのは、従来のルールや常識に対して一つでも明確な挑戦があるかどうか。その企画に事件性があるかどうかです。

2019年、僕たちは朝日新聞とタッグを組んで、新聞広告の日に、ある企画を実施しました。「朝日新聞×左ききのエレン×JINSプロジェクト」です。『左ききのエレン』とは、ネットメディア『cakes』で生まれ、その後、リメイク版が『少年ジャンプ＋』で連載されるに至った人気マンガです。大手広告代理店を舞台に、クリエイターたちの葛藤が描かれています。

このプロジェクトでは、「新聞広告の日」に定められている10月20日に合わせて、新聞広告の価値を高めることを目的に、常識にとらわれない新たな可能性の開拓に挑むことになりました。

その企画とは、アイウェアブランド「JINS（ジンズ）」の広告をめぐって、『左ききのエレン』の主人公・朝倉光一が在籍する架空の広告会社「目黒広告社」と、実在する広告会社GOの2社による競合プレゼンを行うというもの。2社による企画案を特設ウェブページとツイッター上で公開して広く投票を募り、より多くの票を獲得した企画を実際の紙面に掲載するプランです。

投票初日には、両社が企画を練る様子をストーリー仕立てにしたマンガを、朝日新聞の見開き全30段にわたって掲載しました。「トリックアートを使用した広告」を提案した目黒広告社に対し、GOはダメ出しの赤字が入れられた状態の広告原案をそのまま掲載する「赤字修正広告」を提案。投票の結果、より多くの票を集めた目黒広告社の案を、翌月、朝日新聞全国版の朝刊に掲載しました。

フィクションの広告社と現実の広告社がプレゼンを競うという、ウェブと連動した新聞広告の試みは事件性抜群でした。全国紙の30段をすべてマンガのコマで埋め尽くし、その中に、この企画のクリエイターである僕自身も登場させる。これまでの広告になかった事件をつくり出したからこそ、プロジェクトは大きな話題を呼んだのです。

冒頭でふれた通り、現代は先が予測できないＶＵＣＡの時代です。

これから必要になるのは、自らが変化の主体になるという意思です。「社会が変わるから自分も変わる」のではなく、「自ら変化を起こし、それによって社会が変わっていく」。そうでなければ生き残っていけない、と僕は考えています。

自ら変化を起こすためのクリエイティブな思考法が〝トリプルＡ〟なのです。

アンガー、アライアンス、アクシデント。

怒れ――。５年後の未来はわからないけれど、今、胸の内にある怒りは確かに社会とつながっている。怒りを社会課題と向き合う思考の立脚点に、現実を変えるパワーにしよう。

連帯せよ――。その怒りは世の中の多くの人もまた共通して抱えているものかもしれない。一人よりも共に闘ったほうが新しい価値は生まれる。

事件を起こせ――。多くの人を驚かせ、感情を揺さぶる事件性を宿すものが変化の触媒となる。新しい価値が生まれるとき、それは既存の価値観においてはアクシデントでしかない。

これがコアアイデアを生むのに有効な思考フォーマットなのです。

# 第5章

# コアアイデアを検証し、プレゼンする

## アイデアの検証に必要な10のポイント

本質をつかみ、コアアイデアを考えついたら、それを説明可能な形に整えて、現実的に「通る企画」にする必要があります。コアアイデアをみんながついて行きたくなる形で「言語で定着させる」ことが非常に重要になってきます。広告企画ならクライアントが選んでくれなくては世に出ることはありません。商品やサービスなら、社内外の多くの人の賛同を得なければ、プロジェクトとして着地しないわけです。

一行の画期的なアイデアで組織を動かしたい。そう思うことはありますが、やはり人に伝わる、欲をいえばクライアントの組織内で一人走りしていくような企画書として提示する必要がある。企画書とは先の図（99頁）でいうところの「アクション」を構成する要素を練り上げることであり、それは「人間力」の一つ、顧客関係力にも直結します。

実はデザインでも映像においても、言語化力のない人は、いくらよいコアアイデアを持っていても結局、機能させられないことが多い。すべてに先立つものとして、問題を定義できる言葉の力がないと、優れたクリエイションを生み出せないのです。

ＧＯでは、クライアントに提案する企画をつくるうえで埋めるべき10項目を、次のように設定しています。プレゼンテーションに使う企画書の基本フォーマットがこれです。

①GOAL（プロジェクトで達成すべき目標）
②Vision（企業／ブランドのあるべき姿）
③Fact（武器になる企業／ブランドの事実）
④Moment（着目すべき社会の変化）
⑤Insight（顧客の心情）
⑥Catalyst for Change（変化のきっかけになる考え方）
⑦Rule（この企画が成功する内外の条件）
⑧Action（実際の活動）
⑨Flow（実際の段取り）
⑩Image（PRの予想）
※Contract（契約条件／見積もり）

一連の要素は、広告企画の説明のプロセスとして示していますが、各項目を埋める意義や考え方は、業態を問わず、クリエイティブな企画や発案をプレゼンするうえで応用範囲

### ⑥Catalyst for Change（変化のきっかけになる考え方）

“環境負荷の低い商品づくりにこだわるアパレルブランド”から、
“あらゆる企業活動において資源を無駄にしないアパレルブランド”へ
「資源を無駄にしない製品を売っているアパレルブランドは、広告活動においても資源を無駄にしてはいけない」

### ⑦Rule（この企画が成功する内外の条件）

・資源を無駄にしない広告活動を行ううえで、嘘やごまかしがあってはいけない
・過剰な広告費を投じない（タレントを起用したテレビCMなどの派手なアクションは、エコの理念に反し、消費者に嘘くさい印象を与える）
・エコアルフ１社単独の活動に留めない

### ⑧Action（実際の活動）

他企業が過去に使用し、役割を終えた（捨てる）広告をリサイクルして、新たな広告（ポスター）をつくる。シルクスクリーンの技法を用い、他企業の広告が透けて見える下地を背景に、エコアルフのブランドロゴとコピーを浮き上がらせる。

### ⑨Flow（実際の段取り）

使用済み広告の提供に賛同してくれる協力企業を募る
→使用済み広告の回収と、ポスターの制作・掲示（過程を映像で記録）
→ウェブメディアへのリリース配信&制作過程の動画公開
→テレビ等大手メディアからの取材依頼

### ⑩Image（PRの予想）

ウェブメディア『BuzzFeed JAPAN』等での記事掲載・見出しイメージ
「環境資源を無駄にしない広告が渋谷に掲出、かつてない取り組みとして話題に」
地上波テレビニュース・情報番組『めざましテレビ』等での紹介イメージ
「これって何の広告？　実は……」

## 企画書例

### 「エコアルフ」の広告プロジェクト

**①GOAL（プロジェクトで達成すべき目標）**

定量目標……日本初出店となる渋谷店への集客
定性目標……「エコアルフは世界でもっとも資源を無駄にしない、サステナブルなアパレルブランドである」というブランドイメージの認知拡大

**②Vision（企業／ブランドのあるべき姿）**

エコアルフは、すべてのアイテムに再生素材や環境負荷の低い天然素材のみを採用している。であるならば、商品づくり以外のあらゆる活動においても資源を無駄にしない企業であるべき。

**③Fact（武器になる企業／ブランドの事実）**

ファッション業界は世界で２番目に環境を汚染していると言われている中で、エコアルフは、ペットボトル、漁網、タイヤなどを独自の技術でリサイクルして生地を開発している。また、ブランド自らが海のゴミを収集してウェアをつくっている。

**④Moment（着目すべき社会の変化）**

プラスチックごみによる環境汚染問題がクローズアップされ、「脱プラ」が進んでいる。サステナブルであること、エコであることに対して、生活者やマスコミなど社会全体が注目しやすいムードが醸成されている。

**⑤Insight（顧客の心情）**

④を受けて多くの企業がサステナブルな活動に取り組む意思を表明している一方で、ユーザーはそのすべてを信じてはいない。「表面的なポーズだけで、実際にはそこまで真剣に取り組んでいるわけではないんでしょ?」と疑ってかかっている。

の広いフォーマットになると思います。

これは説明に最適なワークフローであると同時に、自分のアイデアの検証チェックリストにもなっています。GOの仲間たちには日頃から、いいアイデアを思いついたら、とりあえずこの10項目をすべて書き出してみてと言っています。この要素を埋めてみることで、自分のアイデアで欠けているもの、もっと掘り下げるべき要素が見えてくる。コアアイデアを検証し、練り上げるための思考の型となるツールです。

10項目のうち、⑥の「Catalyst for Change（変化のきっかけになる考え方）」とは、コアアイデアを高く射《う》ち上げるための思考の土台です。僕は企画を考えるうえでエネルギーの大半をここに使っていて、一番重要視しています。

僕自身は①から順に埋めていくことが多いですが、右脳型の人もいれば左脳型の人もいるので、どこから書くか順番に過度にこだわる必要はありません。目標設定から始めてもいいし、「こんな風にメディアで反響を呼ぶだろう」というPRのイメージから埋めてもいい。

コアアイデアがまだ断片的なもの、あるいは複数の候補がある場合、この10項目を埋めることで、アイデア（コンセプト）の解像度を高めたり絞り込むこともできます。

いずれにせよ、すべての項目を書き出すことが大事です。社内の打ち合わせでも「いったんこの流れに沿って説明してくれ」と言いますし、実際にクライアントに提示するパワーポイントやキーノートの企画書においては、プロジェクト内容によって複数の項目をセットにしたり、順序を入れ替えたりすることもありますが、おおむね①〜⑩への流れで構成しています。

いずれかの要素が欠けていると、どうしても企画として不完全なものになってしまう。例えば「こんなCMがつくれたら絶対に話題になるぞ」と確信していたとしても、その企業はファクトとしてどんな「武器になる価値」を持っているのか、あるべき姿とは何かが曖昧だと、本質をついた戦略立案になりません。

10項目をすべて書き込んでいく過程で企画としての弱点がクリアに見えてくるでしょう。

一点、「顧客関係力」について補足すると、クライアントに企画を通すうえで「説得する」という考え方はやめたほうがいい。サン＝テグジュペリの『人間の土地』に「愛はお互いを見つめ合うことではなく、ともに同じ方向を見つめることである」という名言がありますが、これはクリエイティブに必要な信頼関係を生む極意です。クライアントと「ともに同じ方向を見る」ための思考の手がかりがこの10項目の企画書と言えます。

## ①GOAL（プロジェクトで達成すべき目標）はどこにあるのか

では順を追ってご説明していきましょう。まずは①GOAL（プロジェクトで達成すべき目標）です。どんなプロジェクトであれ、それによって達成すべき目標が明確になっている必要があります。目標には、定量化できる目標と定性的な目標の2つがあり、僕の場合は、その両方を設定することが多いです。

例えば、「この広告で、ECサイトの訪問者数を1・5倍に伸ばし、商品の売上を前年比20％以上アップする」といった数字は、定量的な目標です。一般的に、KPI（Key Performance Indicator　重要業績評価指標）を設定するという言い方もよくなされる部分です。

一方、定性的な目標は数字では表せません。「F1層（20～34歳の女性）のあいだでブランドのイメージを上げる」、「既存の紙の出版ビジネスにとどまらない、新たな収益源となるデジタルビジネスを見つけ出す」といった目標は定性的なものです。

「数字」の経営と「言葉」の経営、という言い方もできます。

特に後者を明確にしておくことが重要です。これから取り組もうとしていることの本質的な意義を言葉で表す。そのプロジェクトが成長すると、社会にどんな価値や意味が生まれるのかという視点を持って考えることで、目指すべき場所が明瞭になってくるケースが多いと思います。

忘れてはならないのは、ゴールとは何らかの新しい価値をともなった「変化」でなければならないということです。僕の経験上、目標として提示された文言に変化の要素が欠けていることがしばしばあります。ただ既存の売上を伸ばすことにとどまらない、変化をゴールに明確に設定しないと、プロジェクトの途中で目的がブレてしまうことが多いのです。

本章の冒頭に、アパレルブランド「エコアルフ」の企画書をサンプルとして載せました。ファッション業界は、大量生産・大量廃棄を主因として、世界で2番目に環境を汚染している業界だと言われています。そうした中にあってエコアルフは、すべてのアイテムを再生素材や環境負荷の低い天然素材から製造しているスペイン発の特異なブランドです。欧米ではすでに一定の知名度を獲得していますが日本ではまだそれほど知られておらず、2020年、国内での初出店に際しての広告展開に、GOが協力することになりました。

この事例におけるGOALは、定量的には「第一号店である渋谷店への集客」（実際には数値目標も設定しましたが非公表としておきました）。定性的には、「世界でもっとも資源を無駄にしない、サステナブルなアパレルブランドである」というブランドイメージの認知拡大が目標となります。

## ②Vision（企業／ブランドのあるべき姿）を言語化する

2番目のVision（企業／ブランドのあるべき姿）では、僕たちに依頼してきたクライアントは、そもそもどんな姿であるべきなのか、どういうふうになれば顧客や社会から喜ばれるのか、個別の企画の大元になる理念や理想をあらためて言語化します。

エコアルフなら、「すべてのアイテムに再生素材や環境負荷の低い天然素材のみを採用している。であるならば、商品づくり以外のあらゆる活動においても資源を無駄にしない企業であるべき」。

仮に、梱包や配送、広告宣伝など、商品づくり以外の業務がまったく環境に配慮していないものであったなら、顧客も社会も喜ばない。全方位において環境に配慮した企業であるという姿勢がすべての基礎であることを確認します。

このプロセスは、広告に限らず、どんなプロジェクトにも不可欠なものです。依頼を受けて企画を立案・実行する僕たちだけではなく、プロジェクトの主体である企業に属する誰しもが向き合うべきテーマです。このブランドは、本来的にはどうあるべきなのか、その視点をみんなで共有する必要があります。

例えば博報堂なら、電通という超大手の競合相手がいるという事業環境を鑑みたうえで、「生活者のことを一番理解している、親友のような広告代理店になる」と立ち位置を決める。ユニクロなら、日本発のファストファッションブランドという概念に留まらず、「世界中のスタンダードとして受け入れられるブランドになる」。あるいはメルカリなら、単なるフリマアプリではなく「日本最大のマーケットプレイスを目指す」。

そんなふうに、企業やブランドが理想的にはどうあるべきかを考えます。

依頼を受ける立場でしばしば感じるのは、①のGOALのところで説明した定量的な目標だけ設定されているケースが多いことです。「この商品を10万本売りたい」とは言うけれど、定性的な目標やビジョンが欠けている。つまり、この商品を10万本売ると社会はどう良く変わるのか、あるいは、すでに何らかの言語化された定性目標やビジョンはあるけれど、それが正しいものとは思えない場合です。

そういうときは、前提から疑ってこちらから問いを投げかけます。「10万本売ることは御社にとってどんな意味があるのでしょうか」「目指している方向性がブランドの将来的ビジョンとは一致していないのではないですか」と問いかけて言葉を引き出し、共通認識をつくり上げていきます。

①がこれから取り組もうとしているプロジェクトのゴールなら、②はその延長線上にあるゴールです。

例えば、「北海道に行く」というプロジェクトがあるとします。でも、僕なら尋ねます。「本当にしたいことって何でしたっけ?」と。その企業が本来目指しているビジョンが「世界中のどこよりも寒い場所に行くこと」であって、今回は予算と期間の都合上、北海道が目指すゴールになったのであれば、その経緯や関係を明確にしておかなければなりません。

ともすると、現場の担当者は目の前のプロジェクトやプロダクトのことばかりに目が行き、そもそも自分たちの会社やブランドがどこを目指し、社会でどんな価値を発揮しようとしているのか、考えることを置き去りにしてしまうことがあるのです。

こうした視野狭窄《きょうさく》に陥ると、往々にして「戦略」と「戦術」がちぐはぐなものになります。大きな青写真としての戦略が正しく、かつアプローチ法(手段)としての戦術も正しければ、何も言うことはありません。戦略が間違っていて、戦術も間違っているのは論外ですが、さすがに、それはどこかの時点で誰かが誤りに気づくでしょう。

問題なのは、「戦略は正しいが戦術が間違っている」ケースと、「戦略は間違っているが戦術は正しい」ケースです。

前者から見ていくと、仮に「世界中のどこよりも寒い場所に行くこと」を目指しているなら、「北極に行こう」と考えるのは、戦略としては一つの正しい選択肢でしょう。でも、そこで「タクシーで行こう」と言い出したら、それは明らかに戦術が間違っている。

逆に、「世界中のどこよりも寒い場所に行くこと」を目指している人が、「飛行機に乗ろう」としている。交通手段としての戦術は正しい。ただし、それがブラジル行きの飛行機だったら、戦略としては明らかに間違っている。

どちらも失敗に違いありませんが、比較論でいえば、避けるべきはむしろ後者です。もちろん前者も、時間やコストは非効率的ですが、目的地までの方向はずれていない。一方で後者は、戦術が正しいがゆえに、とんでもないところまで行ってしまい、取り返しのつかないことになる。

マーケティングも同じです。あるスニーカーブランドが「若い世代に気に入られる人気ブランドになろう」と思い描いたとします。そのための戦略として「躍動感あふれるストリートの世界観をCMで表現しよう」と考えた。ただ、その出来が悪くてまったく話題にならなかった。戦術の失敗です。それでも、このケースは大ケガにはなりません。「お金を無駄にしてしまったね」で終わりです。

ところが、スニーカーは高齢者だって履くものだし「シニア層にも受けがいいCMにしよう」という戦略を思い描いてしまったらどうなるか。しかも、戦術だけは正しくて、日本中のお年寄りから共感されるＣＭが出来上がってしまったらどうなるか。それがいいＣＭであればあるほど、視聴者には「これはシニア向けのブランドなんだ」と認知され、若い世代からは見向きもされないブランドになってしまいます。

どんなプロジェクトにおいても、戦略——「どの方向に向かうか」を見誤らないことが肝心です。そんなところで間違えるわけがないと思われるかもしれませんが、実際これはどんな企業にも十分に起こり得ることです。

戦略と戦術の関係性と同様、最終ゴールであるビジョンと、その手前に置く目標とは、まず方向性が一致していなければなりません。それを確認するためにも、①と②をきちんと言語化して、見定めることが肝心です。

## ③Ｆａｃｔ（武器になる企業／ブランドの事実）を冷静に確認する

戦いには当然ながら武器が要ります。クリエイティビティのうえで武器となるのは③Ｆａｃｔ、つまり企業やブランドが持つ「事実」です。例えばエコアルフには「ペットボトル、漁網、タイヤなどを独自の技術でリサイクルして生地を開発」「ブランド自らが海のゴミを収集」という事実があります。

ファクトがないまま、あるいはそこから著しく乖離したゴールを掲げても、望んでいた成果とは逆のことすら起きてしまいかねません。

ある企業が「すべての働く女性を応援します」というメッセージを発信しているのに、その企業には女性役員が一人もいなかったとしたら、広告を見た人たちはどう思うでしょうか。働き方改革の応援というビジョンを打ち出す会社がサービス残業の強要が当たり前になっていたら、一斉に世間から「説得力がない」と批判されるでしょう。

例えばメガネメーカーのＪＩＮＳはただリーズナブルなメガネをつくるだけでなく、慶應義塾大学と組んで近視の進行を抑制するメガネを開発しています。人類の文明を形づくるうえで基本となる視覚というものに対して、抜本的な向上をはかろうという企業の姿勢が何よりも伝わってくる行動です。

僕が企画を考えるとき、根拠もなくアイデアをいたずらに並べ立てることはありません。その企業・ブランドが目指す理想と、武器にできる事実とを突き合わせながら、無理なく両者をつなぐものは何かと考えていきます。

フックとなる事実がないまま華々しいコピーを打ち出しても、針小棒大な広告になってしまい空虚です。特に今の日本社会では、ＳＮＳの普及も手伝って多くの人が批判の対象を探しています。そうした環境下で、企業が事実でないことや実態をともなわないまま理想を語ることは、いわゆる炎上リスクとなります。

その企業・ブランドの武器となる、説明できる事実は何かを冷静に見極めることが重要です。

## ④Moment（着目すべき社会の変化）を多角的に捉える

ここは非常にシンプルで、今の時代はどんな空気に覆われているか、どういうものが世の中に求められているのかという視点で物事を考えることです。「世界の複数性」を踏まえてマーケティングする作業とも言えます。特に「変化」に着目し、新たなニーズに対応することを意識します。

エコアルフの例でいうと、近年、プラスチックごみの中でも、マイクロプラスチックによる海洋汚染の問題が大きくメディアで取り上げられるようになったことが、着目すべき社会の変化です。マイクロプラスチックとは、ビニール袋やペットボトルなどのプラスチック製品が紫外線や自然環境の中で破砕されて生じる、5ミリ以下の微細なプラスチックのこと。洗顔料や歯磨き粉などにも使用されていますが、下水を通って一度海に流出すると回収できません。さまざまな汚染物質を吸着して海洋を汚染し、海洋生物の体内に蓄積され、生態系へ重大な影響を及ぼすことが国際的に大きな問題になっていました。

ＥＵをはじめ各国が脱プラスチックに向けて動き出し、コカ・コーラ、ウォルマートなどがパッケージ・リサイクル１００％を宣言し、スターバックスやマクドナルドがプラスチックストローを廃止するなど大きなモーメントが起きているという社会背景がありました。

また、ＧＯが、ある世界的なアパレル企業のルームウェアのグローバルキャンペーンの提案をしたときの例でいうと、モーメントとしては、こう記述しました。

「ＷＯＲＫとＬＩＦＥのシームレス化が、欧米はじめ先進国共通のミレニアル世代のトレンド。家やカフェで仕事をする人もいれば、オフィスでくつろぐ人も増えている。シームレスで気楽なスタイルが求められている」

つまり世の中の大きな流れとして何が期待されているかというと、部屋着と仕事着の差がなくなってきている。ビジネスファッションといえばいつもスーツなのは日本くらい。そこから、シームレスに、あなたのいる場所をどこでもラウンジにするウエアである、というコンセプトを提案しました。本件は残念ながら形になりませんでしたが、このように世の中の大きな流れとして何が起きているかを明確にするのがこのモーメントの項目です。

## ⑤Insight（顧客の心情）に思いをめぐらせる

ターゲットとする顧客やユーザーが今、本当に求めているものは何かを考え抜く。マーケティングの基本ですが、その心情を的確につかむのは、わりとセンスが求められる部分でしょう。世界の複数性への感度が重要になってきます。

GOが手がけたメルカリのチラシ広告を例に、説明します。

2018年末、フリマアプリのメルカリが新聞折り込み広告、いわゆるチラシ広告を展開しました。バラエティに富んだ商品の画像と価格を表す数字が所狭しと並んでいる、誰もが一度は見かけたことがあるような典型的なチラシです。

企画のターゲットは、メルカリという名前を聞いたことはあっても実際にどんなものが売られているのかまではわからないという、40代以上の非スマホネイティブ世代。その層にリーチするには、チラシという媒体はうってつけでした。

ただ、チラシを選んだ理由はそれだけではありません。顧客の心情を慮《おもんぱか》った結果としても、その手段を取るべきだと考えました。

年配の世代は、特に地方の高齢者の場合、行動パターンが限定的になりつつあります。

日本中の町に巨大なショッピングセンターがつくられ、そこに出かけて行っては買い物や食事を楽しむのが週末の定番の過ごし方です。そんな世代にとって、毎朝届く新聞に折り込まれているチラシは、実は貴重なエンタメなのではないか、と考えました。

お年寄りは熱心にチラシを読み込んでいます。情報収集には違いないのですが、買うつもりがないモノのチラシにまで熱心に目を通しているのはなぜか？　それは見ていること自体がとても楽しいからです。そこから、ターゲット層にこんなにも丁寧に読んでもらえる広告はほかにない、と確信しました。

だからこそ、チラシにはツッコミどころをこれでもかと盛り込みました。〝お店〟へのアクセスは「徒歩0分」。誰も買いそうにないトイレットペーパーの芯は100本で1100円の「大放出」。読んでいくうち、どんどん興味が湧いてくるようなコンテンツになるように工夫を凝らしました。

チラシをエンタメとして楽しんでいる意識は、年配層自身にはないかもしれません。「どうしてチラシをそんなに熱心に見るのですか？」と尋ねても、「安いものがほしいから」という答えしかおそらく返ってこないでしょう。

エコアルフの例でいえば、「企業が主張するサステナブルを疑ってかかっている」のが消費者のインサイト。「大きな企業だし、社会的にエコが注目されているからそう言っているだけ」「実際には真剣に取り組んでいるわけではないんでしょ」。普段、明確に言語化されることはないけれども、そうした思いは多くの人の潜在意識にあるのではないでしょうか。

インサイトは内側にあるものであって、当人でさえ気づいていないケースも多い。クリエイターとしてそこに気づけるかどうかはマーケティングセンスか、あるいは丁寧な調査分析が必要ですが、とても大切な要素です。

## ⑥Catalyst for Change（変化のきっかけになる考え方）か

要《かなめ》となるコアアイデア⑥の説明に入りましょう。コアアイデアは、「変化のきっかけになる」ことが重要で、ただ面白いだけ、感動はするけど実際の行動につながらないようでは不十分です。現実を動かしてこそ意味があります。

エコアルフの例では、それまで「環境負荷の低い商品づくりにこだわるアパレルブランド」だったものを「あらゆる企業活動において資源を無駄にしないアパレルブランド」へと拡大再定義した点が大きなチェンジでした。それによって、企業の主張する「エコ」に疑念を抱く消費者をも納得させ、エコアルフというブランドへの信頼をより強固なものにすることができる。そこまでエコに徹底しているなら、商品を手に取ってみよう、買ってみよう。そうした現実的な行動への第一歩を促すことができる。

他の事例を通して解説すると、国際NGO「プラン・インターナショナル・ジャパン」から僕たちが受けた依頼は、寄付を呼びかける広告をつくることでした。世界70カ国以上で活動する同法人は、子どもの権利を守ることを掲げ、とりわけ女の子や女性への支援に力を入れています。

途上国の女の子たちは、貧困の中で社会の底辺に置かれ、過酷な人生を送っています。そうした女の子の未来のためにご支援を賜りたい。それが伝えるべきメッセージでした。

元々は、こんなコピーが載っていました。

「13歳で結婚。14歳で出産。恋は、まだ知らない。」

厳しい環境に身を置く女の子たちの現実を印象的に表した、とてもいいコピーだと思います。交通広告などに展開され、反響も小さくありませんでした。

ところが蓋を開けてみたら、これによって寄付されるお金が大きく増えたかというと、そうではなかった。広告を目にした人の多くは「かわいそうだな」と感じたかもしれませんが、そこで終わってしまった。啓蒙の役割は果たしたけれど、実際の寄付行動にはあまりダイレクトにつながらなかった。

先に述べた「戦略」と「戦術」の関係性に照らせば、おそらく、そもそもの「戦略」を見誤っていたのでしょう。寄付の増加というゴールを考えたときに、実は「同情を誘う広告を老若男女の目に触れさせる」という戦略自体が妥当性を欠いていた。エモーショナルなコピーで「戦術」は素晴らしかったけれども、目指すべき方向性からずれてしまっていた。

その反省を踏まえ、次のプランを練りました。今の世の中には、情報が溢れ返っている。どこか遠い国で悲しい一生を過ごさざるを得ない人々がいることも、多くの人が知っている。現代の日本人はそうした情報に慣れきって、心から「何かをしてあげたい」と思うほどの感受性はすでに麻痺してしまっているのかもしれない。

そこで、新たに導き出したキーワードが「投資」です。「寄付」ではなく「投資」。両者は何が違うのか。

寄付は、いわば掛け捨てのお金です。誰かに恵んであげる。自分に何らかのリターンがあることは意識されていません。

一方、投資は、何らかのリターンを期待するものです。そのお金を投じることによって、将来的に自分にもメリットがあるかもしれない。あるいは直接的なリターンではないにせよ、そのお金によって社会がよくなり、自分の生活にもプラスになるかもしれない。

そう思うから、お金を出す行動につながる。

「寄付」あるいは「施し」を請うのではなく「投資」による社会貢献の意識を喚起する広告。これこそ、求めるべきものだと考えました。「世界への寄付とは自分への投資でもある」というコアアイデアが生まれたのです。新たなコピーは、こうしました。

「女の子の未来に、投資を。」

そのコピーを用いた広告には、あなたの投資によって、異国の女の子たちの暮らしがどんなに改善されるのかをわかりやすく示したインフォグラフィックス（情報・データの視覚的表現）を添えました。お金を投じることが社会貢献になるという手応えを、より強く感じてもらうためです。

さらに、新たな戦術として、メディア展開にも工夫を加えました。交通広告を掲げるだけでなく、投資という言葉に敏感に反応するであろう富裕層へのアプローチを試みました。通販で高額商品を購入した人の手元に届く段ボール箱に、チラシを同封する手法を使ったのです。その結果、同法人に寄せられる寄付金の額は顕著に伸びました。

コアアイデアは、ゴールに向かって、現実に変化を起こせるか、という視点で選ばれ、検討されるべきものです。

## 言葉一つで人は変わる

「寄付とは投資」なんて、いかにも広告クリエイターらしい〝それっぽい〟言い換えをしただけじゃないか。そう感じる人がいるかもしれません。このケースの場合、寄付そのものが何か変わったわけではないし、「どう表現するか」の工夫で、一種の概念操作です。

しかし、言葉一つで人々の受け止め方が一変するのもまた事実なのです。止まっていた足が動き出したり、暗い気分が一掃されたりする。若い頃、クリエイター仲間で「日本で史上最高のキャッチコピーは何か」という話題で盛り上がったことがあります。

僕がこれまでに衝撃を受けたコピーの一つが「もはや戦後ではない」というフレーズです。1956年に発表された経済白書の結語として記述された言葉です。

第二次世界大戦が終わったあとの時代は、戦後と呼ばれてきました。そういう意味では、現在も、これからも、戦後です。「もはや戦後ではない」の一言は、その事実を変えはしない。

しかし、そう言われた途端に、日本の景気は上昇し始めました。戦争からの復興というフェーズは終わった、これからは未来に向けて歩みだす時代だ——。「もはや戦後ではない」というシンプルな断言が、国民の心をいっきに明るくさせたのです。

新幹線の広告として有名な「そうだ 京都、行こう。」も然り。

このコピーが用いられたキャンペーンが始まったのは93年。当時、東京に住む人々にとっての京都はあくまで「旅行先」でした。何週間も前から予定を組んで、準備をして、京都の地まではるばる旅に出る。新幹線の利用者数を伸ばしたいＪＲ東海は、「京都は旅行先である」という概念を崩したかった。

「そうだ 京都、行こう。」のコピーは、その狙いをみごとに体現しています。「もはや戦後ではない」と同様に、京都は「もはや旅行先ではない」。新幹線に乗ればあっという間に着く、気軽に足を運べる場所なのだという新たな認識を人々に植え付けることに成功しました。

言葉一つで、事業の視界が急に開けたり、新しい価値観へと啓蒙されたり、社会の大きな無意識が動き出したりします。

昨今よく聞かれるようになった「ダイバーシティ」もその一つでしょう。社会は長らく男性中心主義の価値観に支配され、社会的地位の多くを男性が占めてきた。「ちがい」は組織や社会をもろくするものだと考えられてきたのです。しかし、多様性を意味する「ダイバーシティ」という言葉が脚光をあびたことで、女性も障がい者も高齢者も子どもも、多様な人々が集まり個性を発揮することによって社会は強さを増す——そんな価値観が浸透していきました。渋谷区が掲げる「ちがいをちからに変える街。」というキャッチコピーは、ダイバーシティの本質をよく表していると思います。

人々の心の中に潜在的にあった意識は言葉の力で顕在化し、社会の変革を促すきっかけとなる。本質を突く新たな言葉の発明は、テクノロジーよりコストパフォーマンスがよく、政治よりハイスピードで社会を変える武器と言えるでしょう。

## ⑦Ｒｕｌｅ（この企画が成功する内外の条件）を設定する

⑦のＲｕｌｅ（この企画が成功する内外の条件）、このステップにおいて僕たちは、主に「これをするとこの企画は失敗する」という予測可能な失敗の条件をいくつか、あらかじめ挙げておくようにしています。

どんなにいいアイデアを思いつき、それを実現するためのプランを練り上げたとしても、１００％成功するわけではありません。でも事前に、失敗に発展しそうな〝芽〟は万全を期して、可能な限り摘み取っておかなければならない。例えば、エコアルフの事例では、環境負荷の低さにこだわっているブランドが広告によってごみを増やすとしたら、本末転倒です。有名なタレントを起用してテレビCMを次々と打っていたら、エコなイメージとは乖離し、消費者に嘘くさい印象を与えてしまいます。それは越えてはならない一線としてあらかじめ引いておくべきです。

しかし、派手なアクションをしないというルール設定は、自らに足枷《あしかせ》をはめる行為でもあります。エコアルフの日本での知名度はまだ低く、低予算の地味な広告に手法を限定した場合、知名度アップを図ることは決して容易ではなくなるからです。

そこで「エコアルフ1社単独の活動に留めない」とするルールが付け加わりました。前章で述べた〝トリプルA〟の一つ、アライアンス（連帯）です。詳細は次項でふれますが、これは結果的に、勝ち筋の見えない戦いの突破口となりました。

大胆なクリエイティブ性の高い企画であればあるほど、クライアント側の心理として慎重にならざるを得ないのは当然です。ただ、さまざまな人への配慮や忖度を重ねれば重ねるほど、当初は尖っていたはずの企画は丸まったものになっていき、どんどん純度が薄れてしまう。

また、もっとも多いケースが、過度に欲張ることです。「働く女性」に向けた広告のはずが、どうせなら主婦層にもアピールできるものにしようとか、コンセプトを無視して、とにかく知名度のあるタレントを入れてほしいとか、あれもこれもとほしがった結果、当初のねらいが曖昧なものになってしまうパターンです。

例えば、車いす「COGY」のプロモーションでは、障がい者の方が「COGY」に乗り、自らの足を動かして前進し、それによって前向きな気持ちを取り戻していくリアルな姿を、ドキュメンタリー映像で表現しました。これがもし、「ドキュメンタリーじゃなくて、有名タレントに試してもらう動画にしよう」だとか「役者を使って感動的なショートムービーをつくろう」という話にスライドしていたら、ユーザーの心を打つものにはならなかったでしょう。

あるいは、東京の魅力を発信することを目的に、インフルエンサーと呼ばれる人たちに「私が好きな東京」を、インスタグラムで自由に投稿してもらう企画があったとします。彼ら彼女らの感性に委ねるからこそ、これまでにない東京の姿が見られるかもしれない。にもかかわらず、「どんな画像を投稿するつもりなのか事前に確認させてほしい」という要望がクライアントからあったら、投稿に対する積極性はあっという間に失われ、生っぽいリアル感も消えてしまうでしょう。

クライアントのさまざまな要求や事情の中で、譲るべきところは譲ります。ただ、企画を成功させるうえで絶対に守るべきラインは守らなければならない。これをやったら失敗しますよ、あとからこっちの方向にスライドするのはなしですよ、そういうラインを予測して事前に明示しておくことは、意外に大事なプロセスです。

## ⑧Action（実際の活動）の発想は自由に

①〜⑦を踏まえたうえで、実際にはどんな活動を展開するのか。いわば企画の真ん中になるのが、⑧のActionです。エコアルフの場合でいうと、役割を終えた他企業の広告を素材にしてポスターをつくることがアクションの要になります。

実は、もともと進んでいたプランでは、全く異なるポスタービジュアルになる予定でした。環境汚染の実態を捉えた写真を背景に、ショップスタッフ募集の体裁をとり「売れれば売れるほど、地球がキレイになる服を売りまくりたい人」「売れ残った服の廃棄問題に疑問を持ちはじめてしまったアパレル店員」「地球で2番目に環境を汚染しているファッション業界の未来を変えたい人」といったコピーを配置。一見すると自然保護団体の広告であるかのようなビジュアルでした。

ただ僕は、悪くはないかもしれないけどインパクトが足りない、もっと生活者をワクワクさせるような面白いことができるのではないか、という思いが拭えなかった。そうして思い至ったのが、「資源を無駄にしないアパレルブランドなのだから、資源を無駄にしな

エコアルフの広告風景（田園都市線渋谷駅内）

い広告はできないか」という着想でした。

そこからプランを練り直し、メルカリやＫＤＤＩなど不要になった他社広告を再利用して手づくりのポスターにする、その過程を映像で記録し発信していくというアクションプランが固まっていきました。

僕たちは「ブランドアクション」という言い方をよくしますが、ここではブランドあるいは企業の価値や、未来のあり方を象徴する活動を企画することが重要です。「活動」というからには、発想は自由でいい。

僕はこれまで、マンガの表紙をビジネス書風にするとか、あるいはクライアントの新規事業の立ち上げのサポートに注力するなど、いわゆる一般的な広告とは異なる手法を用いることもあったせいか、「三浦は広告が嫌いなの？」と言われることがたまにあります。僕には広告を否定するつもりはなくて、あくまで、従来のメディアを用いた広告も、いくつもある「活動」の一つとして捉えているだけです。大切なのは、企業やブランドが企図する変化を実現するためにはどんな活動がもっとも効果的なのかという点であって、広告に縛られる必要なんて全くない。そしてその活動のすべてがいずれ「広告」と呼ばれるようになるのかもしれません。その意味で僕は「広告」が大好きですし、広告の可能性をものすごく大きく捉えています。

高値がつく初競りでマグロを買い付けることで有名な「すしざんまい」はその好例でしょう。すしざんまいが世に伝えたい自社ブランドの価値とは「すしのおいしさ」です。当然、たくさんのお客さんに店まで食べに来てほしい。例えば、そのための活動に3億円の予算を割くとして、もちろん3億円分の広告を打つことも一つの選択肢ですし、試食会のイベントを開いたり、食べ放題の新店をオープンさせたり、大食い番組に協賛してフードファイターに「おいしいから全部食べちゃった」と言ってもらったり、いろいろなやり方が考えられます。

でも、「世間が注目する初競りで高額なマグロを買い付ける」という活動のインパクトに勝るオプションはない。億の値がつくマグロを仕入れるお店のお寿司がおいしくないとは誰も思わないでしょうし、名物社長が特大のマグロを前に両手を広げる絵を撮りに、テレビの取材もたくさん来ます。僕の概算では、広告にして2億円分くらいのメディア露出がある。3億円をかけて2億円の広告価値を得る、つまり1億円の赤字になるわけですが、アクションの効果はそれだけに留まりません。

あのマグロは、あくまで仕入れ。つまり、マグロに投じた3億円は原価で、最終的にはお客さんに提供され、売上に変わっていく。初競り後のすしざんまいにはマグロを食べに来たお客さんの行列ができますし、集客効果もあわせ持っています。

さらに、マグロ買い付けの話題は卸市場のPRも兼ねるので、流通関係者からも感謝される。いいマグロが入ってきたときに「すしざんまいさん、どうですか」と先んじて声をかけてもらえるようになる。

そう考えると、すしざんまいが選択したアクションは、一度にたくさんの価値を生み出すことができる、すぐれた活動だと言えるのです。

## ブランドの信念を象徴するアクション

CMそれ自体がブランドアクションになるケースもあります。

クラウドファンディングサービスを展開する「CAMPFIRE」は、ブランドアクシヨンとして、「テレビCMを打つ」ことを選択しました。キャッチコピーは「夢見る人を、はじめる人に。」。

なぜ、あえてテレビCMを打つことにしたのか。クラウドファンディングを展開する企業はいくつかあり、規模としてはCAMPFIREよりも大きいところもあるのですが、テレビCMを打ったことのある企業はありませんでした。そこに目をつけた。日本で最初にテレビCMを打つ、それはCAMPFIREが「クラウドファンディングを手がける一企業」から「クラウドファンディングの代名詞になる」ための大きな一歩になると考えたのです。

そのCMでは、女優ののんさんが起用されました。前事務所との契約問題などから難しい立場に置かれていた彼女を起用したことは、意志はあれど、思うに任せず困難に直面している人、世の中の大きな力に立ち向かっていこうとしている人を応援するCAMPFIREの姿勢を象徴するキャスティングでもあった。ブランドの価値を象徴する活動としてのテレビCMがつくれたと思っています。キャスティング、人事がブランドアクションになることもあります。

ルイ・ヴィトンが2019年、新メンズアーティスティック・ディレクターとしてアフリカ系アメリカ人のヴァージル・アブローを起用したのも、ブランドの姿勢を体現した活動の一つと見ることができます。そうした重要なポストにブラックパーソンが起用されたのは、同ブランド史上、初めてのことでした。2020年現在、アメリカを中心に「ブラック・ライヴズ・マター」を合言葉にした黒人差別に反対する運動が高まりを見せていますが、ルイ・ヴィトンはそれに先駆けてダイバーシティへの理解と実践を人事というアクションで示していたことになります。

さらに興味深いことに、ヴァージルの最初のファッションショーでは、ブランド史上もっとも多くの国、多くの人種のモデルがステージを歩きました。また、普通ならVIPや報道陣ばかりが陣取る客席に、あえてルイ・ヴィトンのスタッフを座らせています。「私たちは今、こうして変わっていくんだ」「差別のない、より多様性を受け入れるブランドへと突き進んでいくんだ」ということを彼は示したかったのでしょう。

また、「ペディグリー」で有名なペットフード世界シェア1位のMars, Incorporatedは、ブランドの信念を体現したユニークなアクションを起こしました。

2005年当時、ペットフード市場には高価格高機能のブランドが台頭し、一方で安価なプライベートブランドの商品もあふれていました。その中でペディグリーは高級路線に舵を切るべきか、安さで勝負するべきか、ポジショニングに迷っていました。

そのとき、相談を受けた広告代理店の担当者が言った言葉は、次のようなものだったそうです。

「消費者がどんなペットフードを求めているのか、あなたはわかっていない。値段なんて関係ない。消費者は、どこよりもペットのことを愛している会社のペットフードを買いたいんだ」

それを受けて、そのとき用意されていた広告予算の大半は別の計画に投じられました。オフィスを移転し、「ペットフレンドリーオフィス」を実現することにしたのです。猫が居住したり、社員が犬・猫を連れて出勤できたりするよう、オフィスをペットが快適に過ごせる空間につくり替え、ペット用の入館証まで用意した。それが当時は珍しく、たくさんの取材を呼び込むことになりました。

オフィス改装後、残った予算で広告も打ちました。コピーは「DOGS RULE」。すべては犬のため。私たちはペットのことを一番に考えている会社だと言った。

すしざんまいでは仕入れが、CAMPFIREでは広告が、ルイ・ヴィトンでは人事が、ペディグリーではオフィスが、ブランドの信念を象徴するブランドアクションになりました。

自らのブランド価値と未来への意志をもっともわかりやすく示すことができるのはどんなアクションなのか。固定観念に縛られることなく、自由に発想することが重要です。

## ⑨Flow（実際の段取り）について

ここには、⑧の活動がどのように展開されていくのか、その具体的な流れを記します。エコアルフの例でいえば、使用済み広告の提供に賛同してくれる協力企業を募り、その広告の回収、ポスターの制作・掲示、ウェブメディアへのリリース配信&制作過程の動画公開、テレビ等大手メディアからの取材依頼、といったフローになります。

細かい話になりますが、何らかの新しい商品や取り組みをいきなり地上波のテレビ番組に取材してもらおうと考えるのは得策ではありません。番組の制作側にしたら、新しい情報はほしい一方で、それが紹介するに値するのか、後々問題になるような何らかのリスクをはらんではいないか、怖さもある。その対策として、まずはフットワークの軽いウェブメディア向けに積極的に情報を発信するといい。すでにいくつかの媒体で記事化されているとそうした制作側の心配が消えて、ディレクターは「ヤフーでこんな記事が出て、結構、話題になっているみたいです」と言えるようになるので、局内で企画を通すのにも役立ちます。

どんなアクションを仕掛ければどんな反響が得られるか、できるだけ具体的にイメージすることが重要です。

例えば、プロトリーフという土を扱う会社のPRアクションにあたっては、一工夫が必要でした。同社の土は食品と同等の安全基準をも満たすほどの品質があり、実際、食すこともできる。ただ「食べられるすごい土です。取材してください」と売り込んだところで、番組としては、衛生面を心配したり、視聴者がマネをして体調を崩したりしないかと考えて慎重にならざるを得ない。

そこで僕たちが考え出したのは、レストランで同社の土を使った料理を出してもらうことでした。世界一のレストランと名高いデンマークの「noma」では、土がついた野菜をそのまま料理に使っている。ならばと、都内のフレンチレストラン「ヌキテパ」に協力を依頼し、「土のフルコース」をつくってもらうことにしました。高級レストランが提供する料理、しかも「土のフルコース」なんてネーミングがされていたら、きっと安全だし、面白い。「試食してみませんか?」との呼びかけに、多くのテレビ局が取材に訪れました。結果的にレポーターや記者が「土」を食べるシーンが全国に放送され、どんなテレビCMよりも雄弁に、この土の安全性が伝えられました。

僕たちには全体像がある程度クリアに見えていたとしても、クライアントが、この企画が実際にどのようにして動き、社会からどんな反響があると予想されるのか、必ずしもイメージできているとは限りません。だからこそ、フローを整理し共有しておくことを、企画段階で怠るべきではありません。

## ⑩Image（PRの予想）とPR戦略について

⑨のFlowを描くうえでも、特に、⑩の予想されるメディア露出のイメージはできるだけ具体化しておくことが望ましい。どのウェブ媒体に記事が載るか、どんな見出しになるか、ライターが誰で、どんなテイストの記事になりそうか。あるいは、どの番組のどのコーナーで紹介され、どんな視聴者が目にするのか。僕たちの場合は、実際のブラウザやテレビ映像の画面をキャプチャし、架空の見出しをそこに上書きしたりして、露出のイメージを顧客と共有することも多くあります（もちろん、プレゼン用の企画書上だけの話です）。

些末《さまつ》なことのように思われるかもしれませんが、こうした段取りや露出のイメージを具体的に描けていないままに動き出した結果、あまり話題にならずに終わってしまう、ということがしばしば起きます。「この企画に反応するのはどんな層か」「どのメディアが取材に来てくれるのか」といったことをしっかりとシミュレーションしておくことが大切です。

ここで改めてＰＲ戦略について補足しておきたいと思います。ＰＲ＝Public Relationsは、端的にいって社会との合意形成です。あらゆるステークホルダー（顧客、株主、社員、メディアなど）との関係性を最適化するのがＰＲの役目です。ブランドの経済圏拡大のために「世論をデザインする技術」と言ってもいい。

世論はメディアと一般生活との相互作用の中で形成されています。だからこそ、果敢にメディアを巻き込むことが重要です。メディアの形は、テレビやラジオ、新聞雑誌にとどまりません。さまざまなウェブ媒体はもちろん、インフルエンサー、ツイッター、インスタ、TikTok、ユーチューブ、ＬＩＮＥ、ｎｏｔｅ、ヤフーニュース、ウェビナー（オンラインセミナー）、美術館、銭湯、本屋……全部メディアです。

そして、今はメディアでないものこそメディアになる時代です。プレイリストをメディアにした国境なき記者団の試みは非常に画期的なものでした。「情報統制が厳しい国でも、音楽配信サービス内の楽曲の歌詞は検閲対象外になっていることが多い」という盲点をつき、ジャーナリストたちが報道内容を歌詞にした〝楽曲〟を配信しました。テレビ、新聞などのニュースメディアが検閲される国々に対して、音楽配信のプレイリストをメディアとして使って真実を伝えたのです。あらゆるものをメディアとして捉えて、適切な情報発信の連鎖を設計することがＰＲのポイントと言えます。

意外なメディアの使い方はふさわしい文脈で掛け合わさったときに大きな話題になります。だからこそＰＲ戦略の中で一番力を入れたほうがよいのは、元ネタとなるウェブニュースの仕掛けです。ＳＮＳやマスメディアが反応するような、**「事件」「実験」「意見」の3要素**のいずれか、もしくは複数を含んだニュースバリューのあるコンテンツを用意する。

「事件」とは、ニュース性。すなわち多くの人が話題にしたくなる要素が含まれていること。

「実験」とは、誰もやったことがなく、それゆえにどんな結末になるか誰も予想できないこと。

「意見」とは、政治も含めて、社会に対して強いメッセージを発信すること。

社会に響くすぐれた企画は必ずこのいずれか、もしくは複数の要素を兼ね備えています。こういったポイントを押さえている企画は、世間の口の端に上りやすく、メディアやＳＮＳでも話題になる。

先の例でいうなら、『ＳＰＵＲ』の30周年企画として渋谷の大通りに生理用品が貼り付けられた広告を出したのは、世の人々から話題にされる「事件」であり、誰も試みたことのなかった「実験」であり、本当に女性がいきいきと暮らせる社会とは何かを考えてもらいたいという「意見」でもあったわけです。

逆にいうと、ＰＲまでしっかりとイメージして、そのコアアイデアが事件、実験、意見を含んでいるか検証する必要があります。10番目の項目が弱いと感じるようなら、立ち戻ってコアアイデアをさらに練り上げます。

以上の10項目をしっかりと埋めます。分量的には、まずはＡ４のワードで2〜4枚の簡潔なもので十分です。これを自身のアイデアの検証に用いたり、企画書としてチームや社内で考えを示すのに使います。

実際にクライアントに提案するときは、この流れにそって画像やグラフを入れてパワーポイントやキーノートで数十ページのプレゼンテーション資料にするとよいでしょう。

この作業は、思いつきだけの企画や根拠のない期待を排除します。10個に破綻がなく一連の流れとして成立していれば、戦略と戦術が矛盾していたり、社会が求めているものから大きくズレてしまうことはなくなるはずです。クライアントと「ともに同じ方向を見つめる」ための最良の土台となります。

# 第6章

# コアアイデアを実装するチームビルディング

## クリエイティブな価値を実装できるチームとは

現代的な仕事のほとんどがチーム単位で行われている以上、「いかにクリエイティブであるか」という問いは、個人のみならず、チーム・会社組織のあり方に対しても向けられるべきものでしょう。

アーティストが単独で芸術作品をつくる場面をのぞけば、広告企画にしろ、新しい商品にしろ新規事業にしろ、具体的な形にしていくにはほとんどの場合、チームでの協同作業が必要不可欠です。

クリエイティブは、「発想」と「実装」の2つのレイヤーから成ります。コアアイデアからなる戦略を、アクションに移す＝すなわち「実装」してはじめて、社会を動かすという成果が生まれる。

ところがこの実装を担う組織が、メンバーのパフォーマンスを低下させていることがままあります。働く人の多くが、人間関係の齟齬《そご》や、セクショナリズム、指示系統の混乱、意思決定の遅さといった組織に固有の問題に悩み、クリエイティブな仕事を阻害されています。

日本の労働生産性はＯＥＣＤ加盟国36ヵ国中21位、主要先進7ヵ国ではワースト1位（「労働生産性の国際比較 ２０１９」）という状態が長年続いていますが、僕は日本の会社組織のクリエイティビティの低さがその要因の一つだと考えています。

ＶＵＣＡ時代においては、社会に対して新しい価値を生み出し、変化し続けられる集団だけが生き残れる。本章では、クリエイティブに必要なチームのあり方について、主にマネジメントの観点からお伝えしていきます。

まず、クリエイティビティの高い、よいチーム、よい組織とは何か。

**「アウトプットが個の能力の総和ではなく、積になるチーム」**というのがよいチームの定義です。

メンバーの能力が足し算になるのが普通のチーム、互いに化学反応を起こして能力が掛け算になるのがいいチームです。各人が自分の分担された仕事だけをするチームはただの足し算です。各人が変化の触媒となるチームは、アイデアを現実化するための細やかな工夫と行動が次々と生まれ、仕事の熱量が指数関数的に膨らみます。ひとりでやるよりも高いモチベーションを持ってプロジェクトに効率的に取り組むことができるのが掛け算のチームです。

ところが現実には足し算どころか、能力のある人が集まったはずなのに、マイナスになってしまうチームもある。そうならないために、チームビルディングにおいては次の3つのポイントを押さえます。

①チームが持つ機能と、チームに求められている目的を一致させる
②チーム内における人材の配置を正しく行う
③チームの空気を気持ちのよいものにする

まず①は単純な話です。例えば集めたメンバーでできることが広告づくりならば、そこでアート作品の制作を求めたり、事業プロデュースを任せたりしたら、そもそもチームの目的とずれているわけです。無理やり違う目的を求めても機能せず、メンバーはストレスを抱えるだけです。最初にここを間違えるとプロジェクトは破綻しますから、十分な注意を払って人選は行います。もしも途中でチーム編成が目的とずれていることがわかったら、いったん止めて解体する、あるいは再編する勇気も必要です。

2つ目は配置の問題です。例えばリーダーの立場だったら100の力を発揮する人間を現場の一スタッフにしていたり、部下としてなら有能な人間をリーダーにしてしまってい

**チームビルディング　3つのポイント**

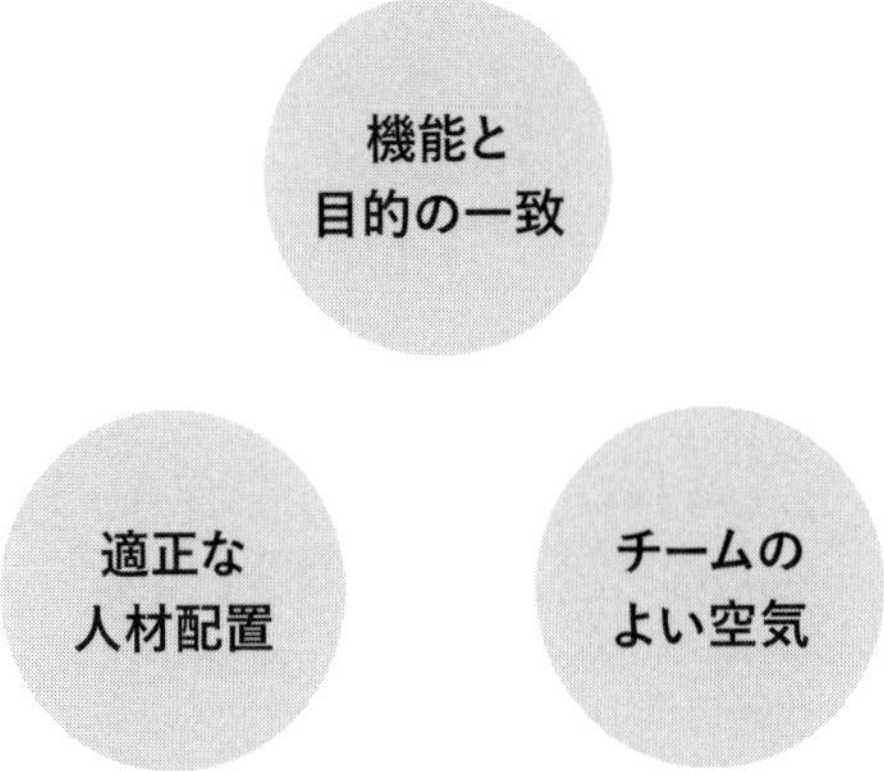


たり、というケースです。能力、適性、性格、経験によって、組織のどのポジションだと力を発揮できるかは人によって異なります。そこの見極めはマネジメント職の重要な仕事ですが、各々も「自分はどのポジション向きか」というのは把握しておいたほうがいいと思います。もちろん経験の積み重ねによって変化していくものですが、自分のパフォーマンスが上がりやすい環境を知っておいたほうが、さまざまな場面での順応力を高めます。

3つ目は空気の問題です。適度な緊張感があるのはよいことですが、何らかの理由でメンバーが萎縮するような風通しの悪い空気になっていたら、早急に対処が必要です。空気の悪さは特にクリエイティビティの発露を阻害します。感覚的には10の力が3になってしまう。
例えばグーグルでは効果的なチームに必要な第一要素として、「サイコロジカル・セーフティ」（心理的安全性）を挙げています。メンバーがリスクをとることを安全だと感じ、互いに弱い部分もさらけ出すことができること。膨大なリサーチでマネジメント研究を重ねてきたグーグルが、心理的に安心できる環境を最重視しているのは実に興味深い事実です。

リーダーの厳格すぎるマネジメントやパワハラ的な言動、チームメンバー間の不和など、空気を悪化させる要因はいくつか考えられます。発言を萎縮させるような空気は柔軟な発想や前向きな行動を阻害しますし、メンバー間のぎくしゃくした空気は、コミュニケーション不足や伝達ミスによって重大なトラブルを招きかねません。

仲間が忙しそうにしていたら手伝ってあげる、落ち込んでいる人がいたら声をかける、そういう〝気持ちのパス回し〟が自然にできるのがいいチームの特徴です。チームにおける空気は特にリーダーやマネジメント職の立場の影響が大きいので、前向きないい空気を保つよう特に配慮する必要があるでしょう。

安心して何でも話せる、心地よい信頼関係のある空気がチームの総合的なパフォーマンスを高めます。

## コアアイデアは単独、もしくは少人数でつくる

ここまで読んで、クリエイティブにおいてメンバーが話しやすい環境が大事なのはわかった。みんなで集まってさまざまな意見を自由に出し合うことで、個人では思いつかないようなアイデアにたどり着くことができるのだろう——。そんなイメージを持たれた読者もいると思います。

確かにそういうケースもありますが、率直にいって、コアアイデアを生み出すのに会議は役立ちません。可能性はゼロではないけれども極めて低い、と言わざるを得ない。

例えばある商品のプロモーションのために、いろんな人の意見を聞きたいからとさまざまな部署の人間を10人集めて、それぞれに100案、合計1000案のコピーを出させて会議をしたとしましょう。その中に、採用に値するアイデアを一つは見つけられるかもしれませんが、そうした手法は極めて非効率的で、偶発性に頼ったものでしかありません。

それよりは、本質発見力の高い人を2~3人程度集め、各々が考え抜いたコアアイデアを互いに検証し合うほうが、真に実効性があって革新的なコアアイデアに至る可能性が高い。

複数の人が集まる「組織」は、それこそ世界の複数性の視点じゃないかと思われるかも

しれませんが、残念ながら、現実には発想を促すようには機能しないケースがほとんどです。特に初期段階で多視点が無秩序に持ち込まれると、せっかくの斬新なコアアイデアがつぶされてしまいやすい。すぐれた発想がリスクヘッジや無責任な感想によって丸められて、無きものにされてしまうことさえあります。

僕の考えでは、コアアイデアを生み出す力は、極めて個人的な心象風景の中で培われているものです。それぞれの生い立ちや、挫折体験、人間関係。そうした経験を通過していく過程で、個人と社会の関係に思考を巡らせ、やがて世界の複数性に対する視点を獲得する。ものの見方は一つではない、一般にはこうイメージされているけれども、本質は別のところにある——そうした「変化の触媒となる」本質的な価値の発見をする力は、個の深い部分からしか出てこないのです。

先にクリエイティブジャンプは個人が自分と深く向き合う経験からしか生まれないと書きました。人間は、多様なようでいて、多様ではありません。感情のパターンは実はそんなに数はない。だからこそ、個人が心から感動する、感情が動くと確信できるものは得てして多くの人の心を動かすことができます。

しかし、複数人で話すと、照れやごまかしが生まれやすい。個の深い内省的感情は言葉ではうまく伝えられないこともあります。自分では確信している感情を動かすトリガーが打ち合わせで他の人にはあまりうまく伝わらず、折衷案を提案されて妥協してしまう。みんながなんとなくわかるものなんて、誰の心も動かしません。だからこそ、コアアイデアを生む段階では、個人の感情に、自分の意識に徹底的にフォーカスしなくてはなりません。

みんなでブレーンストーミングしても表層的になってしまうことが多く、**革新的なコアアイデアは単独の深く沈潜する思考、もしくは少人数の本質発見力の高い者同士の中から生まれます。**

そのとき、その企画が本当に社会で多くの人の心を動かすものになるか、先にも触れたように「事件」「実験」「意見」の3要素を含んでいるか検証します。これをまずは単独、もしくは少人数で徹底的に行うのです。

クリエイティブなチームにおいては、「発想する個」と「実装する集団」を分けて設計することが意外に重要になってきます。

例えばアメリカのTBWA／CHIAT／DAYという、アップルやアディダスの広告を手掛ける超名門のクリエイティブカンパニーでは、プロジェクトがスタートする際の最初の打ち合わせを、コピーライターとデザイナーの2人だけで行います。

2人だけでずっとグツグツと考えて、いくつかのコアアイデアの断片ができたタイミン

**TBWA\CHIAT\DAY方式**

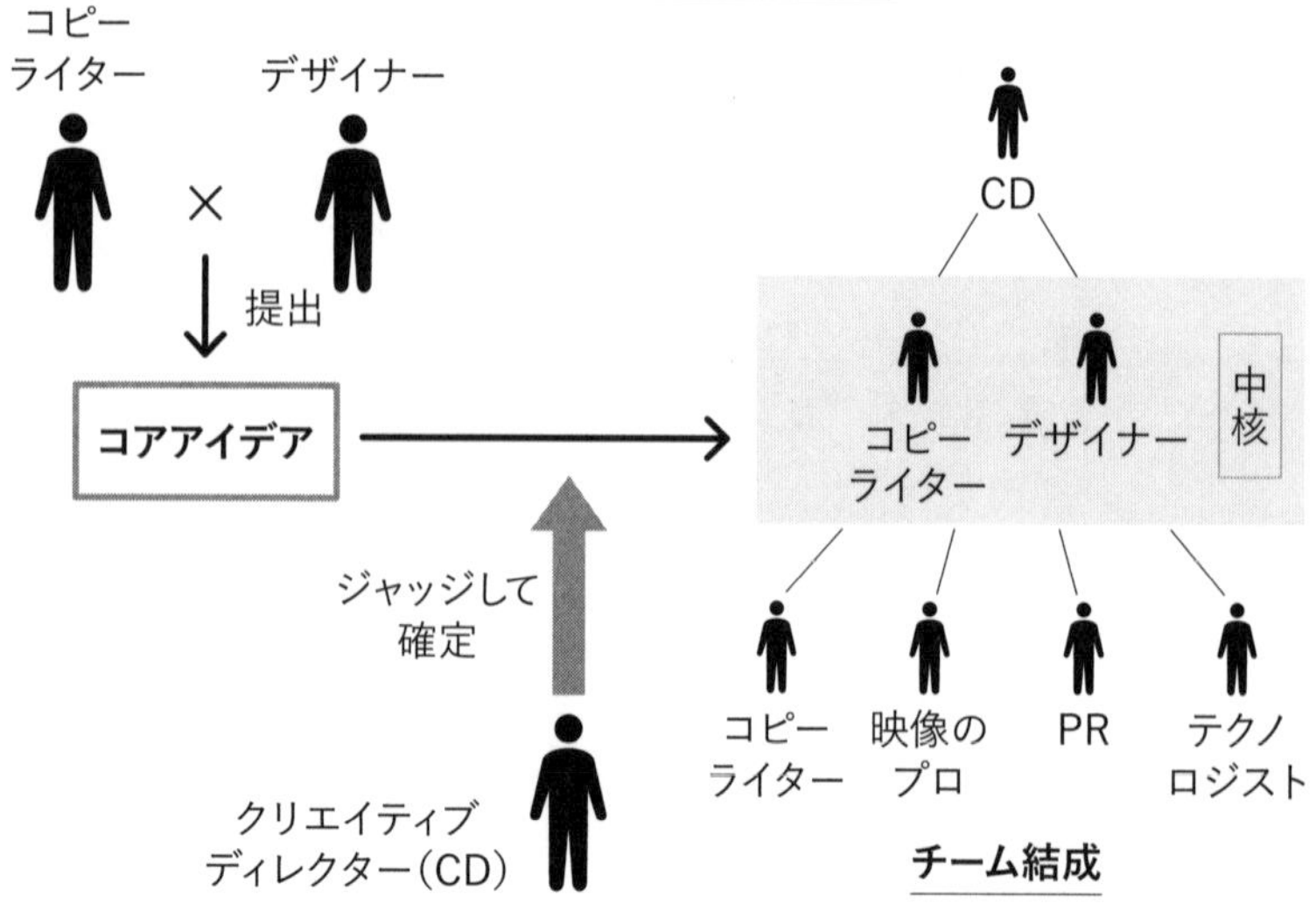


グでクリエイティブディレクター（CD）に相談します。クリエイティブディレクターはアイデアの断片を俯瞰し、拾い集めたり組み合わせたり選び抜いたりすることで、最終的に一つのコアアイデアを確定させる。

クリエイティブディレクターがコアアイデアを一つ決定したあとに、はじめてチームを組みます。今回はデジタルのテクノロジストを呼ぼう、もう少しコピーの幅をつくりたいから若手のコピーライターにも入ってもらおう、あるいはPRの専門家と映像監督も必要だねといった具合に、コアアイデアを実装するためのチームを結成する。

これはラディカルなアイデアを形に

するには非常に正しい仕組みで、アイデアの出し合いを民主的にやってみんなで決める、という方法では駄目なのです。

コアアイデアは単独、もしくは少人数でつくるという原則をまずは押さえてください。

## コアアイデアをつくる人と判断する人を分ける

コアアイデアを考え出したら、その可否を別の人間がジャッジします。

ある意味、アイデアはつくる以上に選ぶことが大事で、「つくる」と「選ぶ」は分かれていることが重要です。アイデアを出した側はどうしても主観的になってしまってプランに愛情が生まれています。例えば僕がデザイナーと2人で考えて、A、B、C、D、Eの5つのアイデアを出したとしたら、僕はもう圧倒的にA案が好きなんです。数を出さないといけないからB、C、D、Eも出したけど、A案が一番だと信じている。

アイデアを思いついた人は、見つけた手応えが強ければ強いほど、アイデアへの愛着が大きく客観性を失っていきます。だからこそ、的確な判断を下せる存在を別に置く。

「いやこれはDだよ、それにEの要素を足したほうが世の中的に求められてるよ」と客観的に判断する立場の人間が必要で、これが「つくる」と「選ぶ」の役割の違いです。

ＧＯの場合、１社のクライアントに対して、クリエイティブディレクター（ＣＤ）とビジネスプロデューサー（ＢＰ）が必ずペアを組んで向き合う方式をとっています。

クリエイティブディレクターは、クライアントとの対話を通じて、ニーズを汲み取りつつ、コアアイデアを発想する役割を担う存在。プロジェクトのルールを決める発想の責任者です。

一方のビジネスプロデューサーは、その発想の事業的可能性を検証し、アクションに移行すべきかどうかを判断します。つまり、実装の可否をジャッジし、実装に責任を持つ存在です。プロジェクトのゴールを決める人と言ってもいい。例えばケンドリック・ラマーの広告例でいうならば、予算の配分はもちろん、黒塗り広告を霞ケ関に貼るための関係各所との交渉や、炎上したときの対策をどうするといった、企画を着地させるためのあらゆる手段を尽くすのがＢＰです。

特にＧＯの場合、クライアントの新規事業を考えるとか、新しい事業変化の方向性を考えることも多いので、つねにＣＤとＢＰが２人一組で仕事をする形をとっています。その下にデザイナーやコピーライターやＰＲプランナーらのチームが結成されている。

代表である僕自身の企画でも、プロジェクトを共に担当するＢＰが判断しますし、部下のＣＤとＢＰがあげてきたものは、僕がエグゼクティブクリエイティブディレクター（Ｅ

## GO式：プレイヤーの役割

**Creative Director**
（CD）

**クライアントの成長と**
**アウトプット品質を含めた**
**〈発想〉の責任者**

・コアアイデアを生む
・ルールを決め、チームをつくる
・クオリティを高め続ける

×

**Bushiness Producer**
（BP）

**GOの利益とプロジェクト実現に**
**向けた〈実装〉の責任者**

・コアアイデアをジャッジする
・スケジュールのマネジメント
・予算のマネジメント

CD）として最終チェックします。

GOの場合、企画の可否は主に次の5つの基準で判断しています。

①そのコアアイデアはクライアントの課題を解決し、新しい可能性を生み出すことに貢献できるか

②そのコアアイデアに基づく企画・事業は、本当にGOがやるべきものなのか

③今の社会はそれを求めているか

④GOの利益はどれほどになるのか

⑤マンパワーなど現実的な観点から、GOはそれを実行可能かどうか

もしも、アイデア自体は面白くとも独りよがりだったり、インパクトはあっても予算的・マンパ

ワー的に現実性のないものだったり、あるいは社会の空気を読み違えて炎上を招く要素が入っていたりしたら、クライアントのブランド価値を毀損しますし、GOの評判を落とします。

また企画そのものは成功だったけれども、結果的にGOに利益がほとんど残らなかった。現場に無理をさせ過ぎて、離職者が相次いだ……なんてことになれば、目も当てられません。そうならないための客観的なストッパーが要る。会社として適切な実装を促す存在が要るわけです。

僕はECDとして最終的なジャッジで何をしているかというと、GOのブランド管理をしています。GOとしての提案に値する企画になっているか、世の中の変化と挑戦に寄与しているかどうか、自社のブランド管理をする。実は長らく僕は、ECDという言葉が恥ずかしくて、肩書として使っていませんでした。日本の場合、CDから出世したら名誉職的にECDを名乗るという人が多いという状況があるからです。

海外の場合、アメリカの正統的な広告代理店のECDはメジャークライアントの総責任者です。アップル担当ECD、日産担当ECD、アディダス担当ECDと、そのブランドに忠誠を誓い、年間何十億もの広告予算に責任を持ち、そのブランドのことをクライアント以上に考え、そのブランドの広告戦略を一身に背負う人間がECDです。だから重みがまったく違う。

でも、2019年の「朝日新聞×左ききのエレン×JINS」の広告プロジェクトのさなか、僕はECDを名乗ってもよいと思った瞬間がありました。それは何かというと、クライアントの朝日新聞への提案の前日、深夜に全部ゼロにしてチームにやり直しを指示しました。「ダメだ、これ世の中に出せないよ。プレゼン延期でいいから、今から全部やり直そう」と。

もちろん、そんなこと言いたくないわけです。若手どころか僕よりキャリアのあるメンバーもいる中で、みんな1カ月以上懸命に頑張ってきて愛着もあるプランであることはよくわかっていた。けれど、こうすればもっとよくなるという確信があったから、嫌われるのを覚悟で全部ひっくり返した。

結果、チームとして最終的に非常にいい成果を出せて（第40回新聞広告賞を受賞）、感謝してくれたスタッフも多かったのですが、ブランドのために時にはチームに嫌われる勇気を持ってアイデアをジャッジする、成果という果実を得るためにチームに過酷な指示ができる人がECDなんだと実感した出来事でした。

業種や業態によって、判断の最終的な責任者は異なるでしょうが、社会に対してものを送り出すうえで、先の5つの観点からチェックし、その責任を引き受ける人が必要です。

主観的な美意識やセンスを起点とするクリエイティブな表現ほど、それを客観的に判断するチェック体制を担保しておくべきです。

## ハイパフォーマーが集う組織の条件

ここからは、会社としての組織論に踏み込んでいきましょう。

コアアイデアは、クリエイティブ能力の高い個人の中から生まれてきます。言い換えれば、クリエイティビティを兼ね備えた人材、もしくは自分の中のクリエイティブな能力を伸ばしたいという高いモチベーションを持った人材にとって、魅力的な組織であることが重要になります。

僕はクライアント企業の人事をコンサルティングすることもありますが、それらの仕事を通じて感じるのは、人がその組織で働くことを意思決定する際、主に3つの条件があるということです。

その条件とは、「報酬」「環境」「思想」です。

まず「報酬」、つまり給料（フィー）をどれだけもらえるのかという点は、言うまでもなく大切な要素です。要求される労働時間などの諸条件もここに含まれます。たまにアイデアなんてタダと思っているような経営者がいますが、そういう組織は社員のクリエイティビティへの意欲が大きく低下するでしょう。仕事への敬意は適正な報酬額にあらわれます。

2つ目の「環境」とは、人も含めて幅広い意味を持ちます。その職場にはどんな仲間がいるのか、副業は許されているのか、彼らと共に働くことで、どんな刺激があるのか、その会社だからこそできる仕事は何か、あるいはどんな働き方ができるのかは大きなポイントです。

能力の高い個人は、独りでも事業を営むことが可能です。ただ、どうしても環境面では企業に劣る。刺激し合える仲間がすぐそばにいることや、企業ならではの大きな案件を扱える可能性など、企業には個人をレバレッジする機能があり、それがどれだけ魅力的かによって、訴求力は大きく変わってきます。

3つ目は、「思想」です。GOが「社会の変化と挑戦にコミットする」という使命を掲げているように、企業にはそれぞれ追求する思想があります。それは働き手の視点に立てば「自分の能力を何に使うのか」という意味に置き換わります。個人として抱く価値観や目的意識が組織のそれと一致しているかどうか、共鳴するかどうか。それが、自分がそこで働くかどうかを意思決定するうえで大きなファクターになる。

アップルならプロダクトそのものが「Think different」という思想になっているし、

オリエンタルランドなら「あらゆる人々がともに笑い、驚き、発見し、楽しむことのできる世界を提供する」という理念がある。日本のコンサルティング会社リンクアンドモチベーションなら、「社員のモチベーションを成長エンジンとする『モチベーションカンパニー』を実現する」というミッションを掲げて、人々をひきつけている。

3条件のうちどれを最重要視するかは人によって異なりますが、ハイパフォーマーほど思想を重視し、ローパフォーマーほど報酬を重視しがちな傾向が見られます。

例えば国連にはさまざまな人材が集っていて、個人として事業を興しても十分にやっていける人が数多くいます。フリーの弁護士、会計士、あるいはコンサルタントとして活動すれば、もしかしたら年収は今の数倍になるかもしれない。仮にそうだとしても、彼らは国際社会の秩序を保ち、平和な世界を実現するという国連の思想に共鳴し、国連でしかできない仕事があると思うからこそ、主体的にそこで働いている。

優秀な人材を獲得しようとして、高い報酬ばかりを前面に出してアピールする企業もありますが、おそらくそれは得策ではありません。いざとなれば自力で大きく稼げることを知っているハイパフォーマーは、一定のラインをクリアしていれば、あまり報酬額を判断基準にしないからです。むしろ、その企業の思想に関心を寄せ、その組織の実態や行動が思想とマッチしているかを注意深く見ています。

また、有能な人材が思想の次に重視するのは環境です。その企業で働くことで得られる仲間、その企業で働くことでしか得られない経験こそが、彼らにとって大きなファクターです。優秀な個人の能力を何倍にも膨らませることが企業の価値なのです。

自社のミッションに共感してくれる優秀な人材はかけがえのない存在です。そういう人が集まり、とどまりつづけるだけの魅力的な思想と、クリエイティビティを発揮できる環境づくりが企業側に求められています。

## リーダーに必要な条件とは

魅力的な組織に必要な3要素は、チームがよく機能するためにもそのまま敷衍《ふえん》できる条件ともいえるでしょう。

・このプロジェクトを成功させるとモチベーション上の報酬がある（次の大きな仕事のチャンス、自分の企画を通してもらえる、仲間たちから評価される等）。
・仲間と仕事をするのが刺激的な（楽しい）環境を整える。
・チームで達成すべきミッションを明確に共有する。

この3つを外さないことが、チームマネジメントのコツです。そのためにはリーダーとサブリーダーそれぞれの役割分担が重要になってきます。

チームのクリエイティビティを高めるために、どうあるべきか、まずリーダーについて僕なりの考え方をお伝えしたいと思います。

リーダーは、ミッションの達成に向かって集団の先頭に立つ存在です。その時代の課題に、その組織の成長に、最も切実に向き合う人間が自然とリーダーにはなるもので、重要なのは能力よりもむしろ使命感です。ましてや年齢も立場も関係ありません。

前を見て、世の中の風向きを肌で感じ、目的地を目指して最適なルートを選び取り、メンバーを牽引する。最前線で、スピード感を持って行く手を阻むさまざまなトラブルに備えなければならないので、リーダーは基本的に後ろをいちいち振り向くことができません。

確かに、後ろを見やって、メンバーの輪に加わり、和気あいあいとした雰囲気を大事にしながら進んでいくようなマネジメント手法も、場合によっては有効かもしれませんし、両方やれる器用なタイプのリーダーもいるでしょう。ただ現実的に、リーダーが内輪を気にしていると、チームの推進力は大きく失われてしまいやすい。

前を向いているリーダーは、基本的に、チームの現在地や目標へ進む姿勢を自らの行動で示すことになります。メンバーはリーダーの背中を見つめ、読み取る。そうしたコミュニケーションにならざるを得ない。見ている光景があまりに違うため、おのずと両者の間には心理的な隔たりが生じることを、覚悟して受け入れるしかありません。

リーダーは組織全体のコンディションを見て、社会のために右に行くべきか左に行くべきかをジャッジし、チームに指示を出す必要があります。ときには嫌われることだってある。フラれっぱなしでも「愛してる」と言い続けるのが、リーダーの役割と言ってもいい。僕自身は、嫌われてもいいけれど、「社会の変化と挑戦にコミットする」という思想に関する三浦の判断は常に正しいという信頼をチームに持っていてほしいと願っています。

ただし、双方の距離が開きすぎた関係性が常態化すると、メンバーの萎縮を招きます。では、リーダーシップと教育（やチームへのフォロー）をどう両立させればよいのでしょうか。GOの経営者となってからずっと頭を悩ませてきた問題に示唆を与えてくれたのは、マンガ『キングダム』のある一場面でした。

主人公の信が仕える王騎将軍という登場人物がいます。敵との戦いで致命傷を負った王騎将軍は、信とともに、からくも逃げ切ります。しかし、明らかに死期は近い。そのとき、王騎将軍は自身の馬に併走する信をほんの一瞬乗せて、こう言います。

「これが将軍の見る景色です」

これこそがリーダーがなすべき教育です。前を向き、前進を続けたままの状態で、部下にわずかな時間、同じ目線を共有させる。「今、リーダーはこういう景色を見ているんだ」「あの目的地に向かっておれたちは進んでいるんだ」と伝える。

そうやってひととき横に並びながら、視点と思想を共有する。これはチームの推進力を保ちつつメンバーの中に次世代のリーダーを育成する教育としても、一つ有効な手段だと思います。

もう一つ、リーダーとメンバー間のコミュニケーションに関していうと、リーダーは仕事で猛進するけれども、それ以外の部分では〝つけ入るスキ〟や〝弱さ〟を見せたほうが潤滑油となります。仕事のできるリーダーであればあるほど、メンバーが無力感を抱き、ただ言われたことをやるだけの駒になってしまう場合があるので、あえて人間味のあるスキを見せてしまう。

〝スキ〟の部分に関しては自分のほうが勝っている、あるいはリーダーの弱点は自分が支えられると、現場のメンバーたちが思えたほうが、チームとしてうまく機能します。

マンガ『ＯＮＥ ＰＩＥＣＥ』の主人公ルフィは、仲間たちに向かって「おれは、助けてもらわねェと生きていけねェ自信がある！！！」と言ってますが、仲間の支えがあってこそ、リーダーはリーダーでいられる。その意識を双方が共有することが、チームを強固なものにします。

## チームビルディングの要はサブリーダー

何か仕事で疑問が生じたとき、前を向いて必死に走っているリーダーに向かって、「本当にこの方向で大丈夫ですか?」「ちょっと休みましょうよ」などとは直接言いにくいものです。日常的な接点も少なくなりがちなので、細かな業務上の問題を相談しづらい側面もあります。

こんなとき組織で重要なのが、橋渡し役——中間職としてのサブリーダーが実はチームビルディングにおけるキーパーソンです。

リーダーとサブリーダーの関係性は、お笑いコンビの爆笑問題が理想的だと思っています。爆笑問題のリーダーは、イメージに反して田中裕二のほうです。しかし、田中をリーダー役にすると決めたのは、太田光です。漫才ネタはサブリーダーである太田のほうがつくっていて、部下だけれどもいつでも田中をリーダー役の座から下ろすことができる。つまりリーダーの手綱はサブリーダーが握っているという緊張関係が、非常に重要なのです。

GOは、僕と共同代表のツートップ体制をとっていて、対外的な代表者は僕ですが、社内組織の責任者は彼で、「三浦は現在の地位にふさわしくない」と判断すれば、僕のクビを切ることができる。

同じ組織の役員として、ほとんどの場面において意見は一致しますが、稀に対立することもあります。そういうとき、僕の暴走を食い止められるサブリーダーがいて、彼の存在によって自らを見つめ、律することができる。

リーダーと現場の中間に位置するサブリーダーは、メンバーたちの声を受け止め、必要に応じてリーダーに伝達する役割も担います。リーダーはサブリーダーの存在があってこそ安心して前を向いて走れるし、メンバーたちは本音をぶつけられるサブリーダーがいるからこそ実務的な問題を相談しながら安心してプロジェクトを進められる。さらに言えば、メンバーの総意でサブリーダーを動かせばリーダーを辞めさせられる可能性もある。このことが、メンバーの心理的安全性を担保します。

僕が〝爆笑問題システム〟と勝手に名付けているこの構造は、組織としての健全性を保つのに非常によい方法だと思っています。

もう一つ、リーダー・サブリーダーの補完関係を考えるのに参考になるのが、天才エンジニア本田宗一郎と、ナンバー2として経営のすべてを取り仕切り、町工場を〝世界のホンダ〟にまで育て上げた名参謀・藤沢武夫との関係です。藤沢武夫なくして、本田技研が世界的なブランドになることはなかった。藤沢は本田との出会いをこう述懐しています。

二人でやる仕事というのは、ふつうせいぜい十年もてばいいほうでしょう。でも、クルマの仕事は十年ではできっこない。相当な年月がかかる。しかし、私はあの人の話を聞いていると、未来について、はかりしれないものがつぎつぎに出てくる。それを実行に移してゆくレールを敷く役目を果たせば、本田の夢はそれに乗って突っ走って行くだろう、そう思ったのです。

（藤沢武夫『経営に終わりはない』文春文庫）

エンジン開発というクリエイティブな発想に夢中な本田にたいし、藤沢はいわば実装のためにレールを敷く役割を引き受けた。

「金のことは任せる。（中略）けれども、何を創り出すかということについては一切掣肘《せいちゅう》を受けたくない、おれは技術屋なんだから」という本田にたいし、最初から長期ビジョンで経営というものを捉え、一人の熱い男のクリエーションを支える決意をしたわけです。

1950年代当時、ものづくりの能力は高くても、売る力が弱かったホンダにおいて、例えば藤沢はカブF型（自転車用補助エンジン）の販路開拓に、全国5万軒の自転車店にダイレクトメール（DM）を送るPR戦略を決行しています。

「あなた方のご先祖は、日露戦争の後、勇気をもって輸入自転車を売る決心をされた。それが今日のあなたのご商売です。ところが今、お客さまはエンジンの付いたものを求めている。そのエンジンをＨｏｎｄａがつくりました。興味がおありなら、ご返事ください」と。

今見ても広告コピーとしてなかなか秀逸だと思いませんか。結果、３万件の店から返事があり、ホンダの躍進が始まりました。

このような藤沢のいわば「実装力」に本田は全幅の信頼をおいて経営の全権を委ね、自身は技術者に徹しました。二人の黄金タッグが教えてくれるのは、リーダーとサブリーダーが互いを信頼しながら両輪で駆動するときの強さです。コアアイデアをつくり出す人と実装して社会で輝かせる人がチームを組んだとき、世界が認める最高のクリエイティビティが生まれたのです。

## チームの空気づくりは挨拶と「調整仕事」から

さて、この章の冒頭で、クリエイティブなチームビルディングに必須の条件は、「チームの空気を気持ちのよいものにする」ことだとお伝えしました。ここではチームのメンバーや特に若手は何ができるかをお伝えします。

チームの向かうべき目的地は間違ってないし、メンバーも適切な人が集められているのに、全体でなんとなくパフォーマンスが上がらずうまくいっていると感じられないときがあります。

そんなときはたいてい機械でいうところのオイル切れ。つまり場の潤滑油が切れている状態です。油とは何かというと、メンバーのコミュニケーションの総量です。

人は互いに対する敬意や尊重する心がないと実力が発揮できません。この人の話には意味がある、この人なら任された仕事を確かにやってくれる、そういう気持ちがチーム内で一番重要です。人は互いに尊敬されているときにこそパフォーマンスが高くなります。このことには立場も年齢も関係ありません。尊敬は相手を選びますが、尊重はどんな相手にもするべきです。

チーム内の自然な尊重の空気は、単純にコミュニケーションから生まれます。

大事なのは挨拶です。ものすごく古いことを言うようですが、顔を見たら気持ちよく「おはようございます」、何かしてもらったら爽やかに「ありがとう」。そして間違えたら「すみません」。元気よく挨拶できるチームはコミュニケーションのパス回しが早く、総じてクリエイティビティが高い。挨拶とは、その組織にその人がいることを受容している、「私はあなたを尊重している」というメッセージのもっとも端的な発信と言えます。

組織内は「3年連続営業成績ナンバーワン」みたいなエースはわかりやすいのですが、普通のメンバーの誰がどれくらい優秀なのか、何に秀でているかは意外に把握しにくい。だからこそ互いの仕事ぶりがわかるコミュニケーションが潤滑油として必要です。かといって、毎朝9時に自己紹介をし合うなどと制度化することには意味がないので、そこは間違えないでほしいですが。

チームの潤滑油という意味では、「調整仕事」も大切です。

アイデアを実装するプロセスでは、多くの人が関与する中で、さまざまな意見の齟齬や予算との兼ね合い、関係者との折衝が生じます。

つまり、チーム内外での「調整」が極めて重要な仕事になる。若手が任されることも多い部分なので、「こんなことばかりしていても自分の技術に結びつかない」と嘆くのを聞いたことがありますが、その認識は間違っています。

仕事の本質は、結局のところ、利害の異なる者どうしのモチベーションを調整し、マネジメントし、最適解を見つけ出すことだからです。その面倒さをいとわずに一つひとつをクリアしてはじめて、アイデアは具体的な形に実装できる。テクノロジーがいくら進歩しようと、そこが変わることはありません。

例えば広告づくりに関していえば、クライアントは完成したポスターを見て「ロゴをもっと大きくしたい」と言う。デザイナーは「それをやるとダサくなるから嫌です」と言う。それは消費者にとっては「どっちでもいい」ものだったりする。

そうした状況下で、調整役は最適解を見つけ出す必要がある。関係者双方を納得させる妥協点を探るしかない。それこそ世界の複数性の中で、相手の気持ち、美意識、社会の空気、締切りを踏まえて、「鮮やかな妥協点を探れ」ということです。

## 企画を組織内で通すための3つのコツ

さて、クリエイティブな意欲の高い若手や中堅から、自分の企画が会社内でなかなか通らないという悩みを聞くことが多くあります。いろいろと実現したい企画があるにもかかわらず、組織内でそれを実装する機会が与えられにくい場合には、どうしたらよいのでしょうか。

組織における立場、経験値、予算、会社の人的余力、さまざまな要因が壁となって立ちはだかるのでしょう。

僕自身も苦い経験がたくさんあります。博報堂に入社して2年目か3年目、若手なりに感じていた会社の改善点、「もし僕が博報堂の社長だったらこうする」というプランを上司にぶつけたものの、提案が実ることはありませんでした。こんな企画を仕掛けたいというアイデアもなかなか通りませんでした。

今思うのは、自分が起業してつくったGOという会社で、当時は実現できなかったことを全部やっている、ということ。だから、極論すれば、その企画に自分の人生を賭けられるくらいの強い自信があるのなら、会社を辞めて自分の力で実現すればいい。それは一つの選択肢です。

しかし、誰もがそういうリスクをとれるわけではありません。着想した企画が、その企業に所属しているからこそそのブランドやスケールメリットで実現可能なものもあるでしょう。そうなるとやはり、社内で話を通す必要があります。

ここで、企業内の新規事業を想定して、リーダーや会社に提案を受け入れてもらえる可能性が格段に増す、3つのポイントをお伝えしましょう。

①どれくらい儲かるかを設計する
②撤退ラインを明確に定める
③失敗したときに得られるものを明確にする

**企画（プロジェクト）を実現するための3つのポイント**

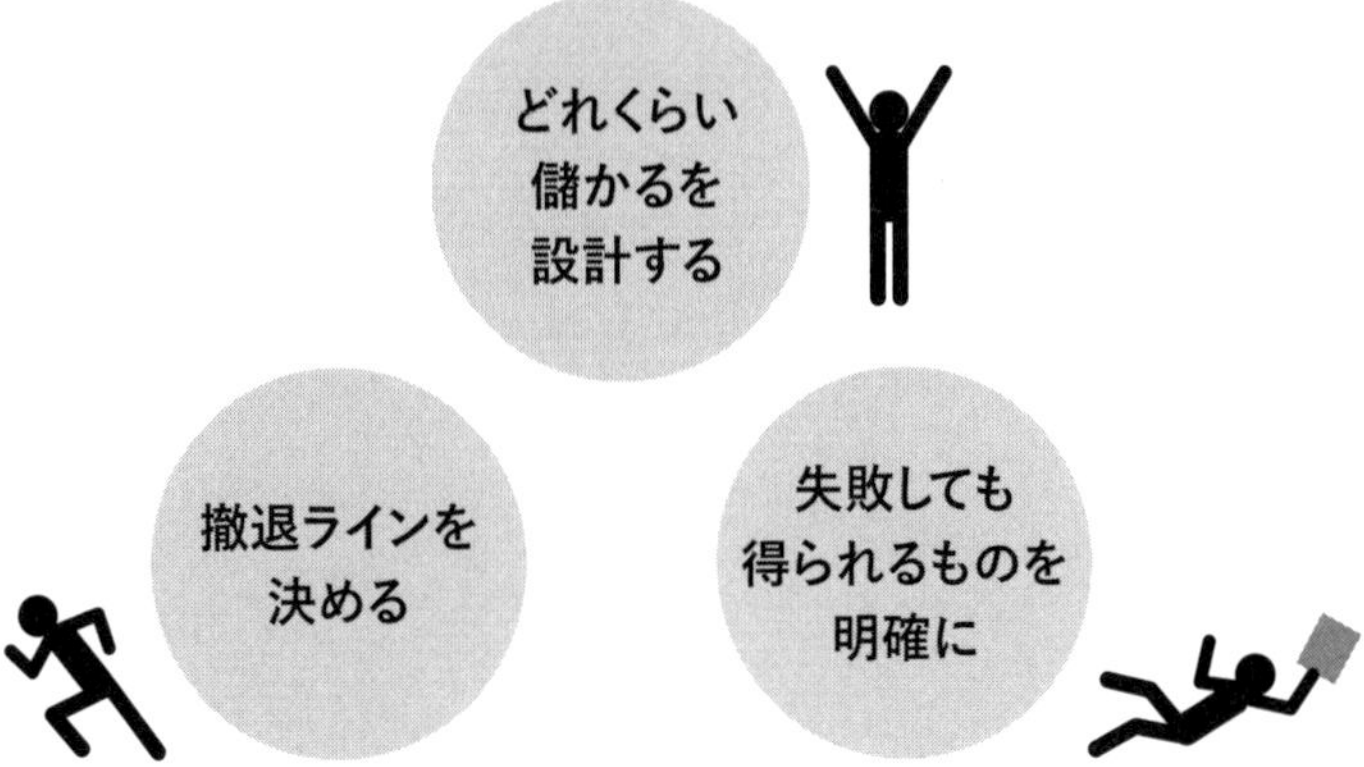
どれくらい儲かるを設計する
撤退ラインを決める
失敗しても得られるものを明確に

①は、その企画を実行に移した結果として得られるであろう売上・利益の予測です。事業を提案するうえで欠かせないポイントです。概算でよいので明確に数字を示すのがコツです。

②は、うまくいかなかった際の撤退ラインの設定です。偉い人が一番嫌なのは大失敗することで、プチ失敗だったら許容できる。例えば１０００万円損失を出したらそのタイミングですぐ撤退しますと明確に決めておく。

以前、某上場企業のＩＲ資料に、苦戦中の新規事業に関して「不退転の決意で臨む」と書いてあるのを見たことがありますが、「不退転の決意」ほど危ないものはありません。

企画はいってみればビジネス上の仮説なの

で、もしダメージがある一線に達したなら、即座に撤退することのほうが重要です。営業利益10億円の会社が、新規事業の失敗で１０００万円の損失を出しても軽傷の範囲内ですが、不退転の決意で損失が1億、2億と膨らんでいくことは何よりも怖い。撤退ラインを最初に決めておくことが、上層部の意思決定におけるリスクヘッジになります。③は、仮に失敗して撤退しても、会社として得るものは何かを明確にすることです。ようは、転んでも絶対にタダでは起き上がらないことを示します。

例えば、ある商社に勤める若者が、その商社が有するネットワークを活用して、インドのＩＴ人材を北欧の企業に紹介する新規ビジネスを企画したとします。

①の売上予想は3年間で15億円。②もし、初年度1億円を超える赤字を出した場合には即撤退。③仮に失敗した場合でも、少なくともインドの名門大学の学長10人、北欧の有力ＩＴ企業の役員10人と面会し、我が社の存在意義と事業内容について理解を促すとともに、彼らが抱えるニーズを把握する。それをレポート化し、社で共有する。

こんな具合に提案されたら、許容可能なリスクの範囲の中で、大きく育つかもしれないビジネスにチャレンジしてみようかと、前向きにジャッジしやすい。仮に失敗に終わったとしても人脈と潜在的なニーズの発掘という果実は手に入りますから。

まだ若い、あるいは経験が十分でないと最初から諦めるのではなく、企業や上司が思わず挑戦させたくなるような要素をしっかりと揃えて（もちろん熱意は最低限の準備です）、プレゼンすることで実現の可能性が見えてくるものです。

## 新規事業を成功させるための最低条件

昨今はさまざまな業界で新規事業ブームです。社会の大きな変化を前にして、多くの会社が変わらなくては、何か新しいものに取り組まなくてはと強く意識しています。多くの企業が若手の新鮮でクリエイティブな企画を求めています。しかしアナウンスとしては新規企画を歓迎すると言っているのに、実際には組織が硬直化して風通しが悪く、判断する側が「発想を殺す」体制になっていることも多い。あるいは最初の着想は悪くなくても、実装の段階でゆがめられて骨抜きにされてしまうこともあります。

資金も人的リソースも十分なはずの大企業ほど、新規事業で失敗するケースが多々あるのはなぜでしょうか。いろいろな会社の事業の相談にのってきた経験からその理由を大別すると、次の3つのパターンに集約できます。

①意思決定権が新規事業チーム内にない

②　新規事業の初年度ＫＰＩが売上や利益にしかない
③　新規事業チームが同じオフィス内にある

それぞれについて解説しましょう。

まず①の意思決定権についてですが、事業の企画や開発、実行の責任をチームに負わせる一方で、予算や意思決定権は上層部が有する、つまり何かをしようにも、逐一、上層部の承認が必要になるケースです。

新規事業にあたるチームが現場レベルの肌感覚とスピード感でさまざまな課題に対処すべきときに、直接関与していない上層部がチームの判断や方針にいちいち口を出したり覆したりするとしたら……１００％失敗します。メンバーのモチベーション低下も避けられません。会社が大枠の企画を承認したあとは、チームに権限をもたせて独自に動ける体制を整えることが絶対に必要です。

②のＫＰＩ（Key Performance Indicator）いわゆる重要業績評価指標が、初年度から売上あるいは利益に設定されているケースも、成功の確率は極めて低い。

新規事業は世の中になかった新しい価値をつくり出すプロジェクトですから、まだ世間に認知されていないし、ブランドは確立していないし、最初は売れなくて当然です。初年度から目先の利益を要求すると小手先の企画になりやすく、大きく育つ可能性のあるビジネスモデルの土台を腰を据えて構築できません。

少なくとも初年度のＫＰＩは、売上や利益とは別の指標を設けるべきです。

例えば、老舗の証券会社が新しく映像事業に乗り出すとしたら、どうでしょうか。独自の経済ニュースや投資情報、投資ノウハウを映像コンテンツとして制作して有料配信する、といった新規事業を立ち上げたら、マスメディアで取り上げられ、大きな話題になるかもしれません。映像制作会社、ウェブメディア、タレント事務所など、これまであまり接点のなかった業界との新しい関係も生まれます。初年度から黒字にならなくても会社全体の価値に多大な貢献をするでしょう。採用に効いたり、株価によい影響をもたらすかもしれません。そういう成果を事業単独の売上とは別の指標からきちんと評価する。

もちろん利益も重要ですが、それは3年目から回収する、くらいのイメージで走り出したほうがうまくいきます。

そして意外に重要なのが、③のオフィスの場所です。新規事業を失敗させたくなければ、そのチームのオフィスは本社の中に設けてはいけない、と僕は考えます。

一つ目の理由は、恵まれた環境下ではハングリー精神が生まれないからです。大企業のきれいなオフィスの一角にスペースを与えられて、まわりの部署の人間は落ち着いて仕事をしていて、新規事業がうまくいこうがいかなかろうが、査定にも毎月の給料にも響かない。そんな環境では正直、がんばる理由がない。

本社のオフィスとは切り離されたところ、まだ稼げるチームではないという現状にふさわしいと思える場所に、チームの拠点を置く。無論、給料を削る必要はありませんが、せめてオフィスをあえて恵まれていない環境に置くことが、メンバーの反骨心に火を付け、事業に推進力を与えます。

もう一つは、社内の目から少し距離を置いたほうがプロジェクトに集中できます。特に大企業で新規事業チームのメンバーに抜擢されることは、基本的に誉れ高いことで、最初は同僚たちから「イケてる」と思われ、羨望の眼差しを向けられる。

ところが、新規事業は軌道に乗るまでに時間がかかるものです。1年、2年と経って、めざましい成果があがらないと、社内でメンバーに向けられる視線がどんどん冷ややかなものになっていきます。

「意気揚々と新規事業を始めたわりには、全然、業績が上がっていないな」

「おれたちが稼いだ金が、どうしてあいつらの赤字補塡に使われなきゃいけないんだ」

たとえ直接言われなくても、そうした視線をメンバーは敏感に感じ取って、どんどんモチベーションを下げてしまいます。

経営者は戦略上の意味を理解し、「本丸に攻め込むためには、まず前方左手の小島に拠点を」と、新規事業チームという小隊を送り出していたとしても、共に戦地に出ている別の小隊には、それがよくわからない。苦戦している様子を見ては「ボロボロじゃないか」「うちの兵糧を渡すのかよ」と冷淡な見方に変わっていく。これがチームのメンタルをじわじわと蝕《むしば》んでいくのです。

社内の視線からメンバーのメンタル面を守るという意味でも、新規事業チームのオフィスは物理的に本社から切り離したほうがよいのです。

以上3つのポイントは、〃新規事業が成功する条件〃というよりは、あくまで〃失敗を防ぐための最低条件〃です。これは組織として、個々のクリエイティブな発想を殺さないための要件とも重なります。

つまり、コアアイデアの創出を担う人や少人数のチームに一定の権限を与え、意思決定できる環境を整えること。

コアアイデアの価値を、短期的な売上や利益の面だけで判断しないこと。

クリエイティブを担う人やチームの組織内における精神的安全性を確保すること。

こうした配慮のできる企業は、クリエイティブな実装力が高い組織といえます。

## 個の強い組織が生き残る

「デザインの力を証明する」をミッションに掲げるグッドパッチの土屋尚史社長は、「偉大なプロダクトは偉大なチームから生まれる」と言っています。それに倣《なら》えば「偉大なクリエイティブは偉大なチームから生まれる」と断言できます。

リーダーやサブリーダーが自らのマネジメントのあり方を見つめ直すと同時に、メンバーの個々人が仕事への向き合い方を問い直すことがチームを活性化させます。

人は面白いもので、自分のために100％の力を発揮することは案外難しいものですが、他人のためになら120％の力を出せる。こうした人間の利他的な心性に基づけば、働く意味や目的を自分の〝外〟に置くことはパフォーマンス向上の一つの大きな解です。

そのプロジェクトを通じて自分が何を得るかは大事ですが、チームの仲間のため、社会のためという意識でミッションに向き合ってみる。誰かのために頑張ったほうがクリエイティビティは活性化します。

そしてもう一つ、これからの時代は、個が強い組織ほど強い。掛け算の元になる数字が大きくなれば、当然その積は大きくなります。

現状を見渡す限り、会社と個人は依然として主従関係にあると捉えられがちです。

しかし、組織と個人は対等です。〈会社に入れてもらう、採用してやる〉ではなく、個が会社の持つ思想に共鳴して、その物語の登場人物になりたいと思うかどうかです。

企業という物語は、終始、順風満帆なわけではありません。行く先々で戦いがあり、困難があり、成功と挫折がある。ミッションを成し遂げるために、自分はどう行動するか――もはやステイタスではなくスタンスの時代です。

会社とはステイタスを得る場ではなく、個がいかに動くか、いかに生きるかのスタンスを示す場なのです。

個がそれぞれのスタンスを示す総和が会社だとしたら、その組織がクリエイティビティを持ち続けるためには、個人の欲望を無視しないことが重要です。「スタートアップの投資がほしい」「SNSで有名になりたい」「朝、サーフィンをしてから出社したい」そんな個人の声を、「何バカなことを言っているんだ」の一言で一蹴しないことです。

その個人の欲望に、新たなビジネスの種が隠されているかもしれない。組織をもっと効率化させるための秀逸なヒントがあるかもしれない。そうやって個の声を拾い上げる組織は総じてクリエイティビティが高い。

時代を動かす新しい価値は、そんな組織のスタンスから生まれます。

# 第7章

# ポストコロナ時代のクリエーション

## ポストコロナ時代の10の変化

- **消費意識**：エッセンシャル消費
- **ブランディング**：ステイタスからスタンスへ
- **広告**：プロモーションからブランディングへ
- **メディア**：Nの最大化からNの細分化へ
- **社会の変化**：衛生産業と超距離産業の確立
- **イベント**：空間の共有から時間の共有へ
- **売り場**：ショップからスタジオへ
- **個人の生き方**：起業家／クリエイター／政治家等
- **キャリア**：ヒエラルキーからコミュニティへ
- **クリエイティブ**：発想から実装へ

## パンデミックが呼び水となる分散型社会

ここまで、コアアイデアを発想し、実装するにはどうすればよいか、アイデア開発のメソッドからチームビルディングまで実践的な方法をお伝えしてきました。

終章では、それらを踏まえて今後のポストコロナ時代を、個としてあるいは会社としてどう戦い、活路を見出したらよいのか、主にビジネスの視点からお伝えしたいと思います。

コロナがもたらした（加速させた）社会のさまざまな変化を明らかにするとともに、クリエイティブがさらに重要度を増す理由についても解き明かしてゆきます。

新型コロナウイルスCOVID－19の感染拡大によって、特にアパレルや飲食業、観光業などは深刻な経済的ダメージを受け、業態としての構造的改革や新たな稼ぎ方の模索を余儀なくされています。また、多くの企業はテレワークの推進で働き方の合理的改革に向き合わざるを得なくなった。もともと緩やかに起こりつつあった変化がいっきに加速し、数年後あるいは数十年後に訪れるはずだった未来が突如やってきたのです。

コロナ危機が現代社会に与える大変化とは何か、まず歴史を踏まえて分析しましょう。2章のルネッサンスのくだりでも触れたようにパンデミックは各段階において、社会の構造的変化をもたらします。

フェーズ1「感染症」の発生後、フェーズ2で「権威の失墜」が起こります。中世ヨーロッパではペスト後に教会権力が弱体化し、奈良時代の日本では天然痘の流行後、大仏や国分寺の建立によって国家財政が破綻の危機にさらされた。

現代の日本においても、政府が打ち出すコロナ対策に批判が集中しました。中央政府の弱体化が顕著になる一方で、独自の政策を打ち出し強いリーダーシップを発揮する知事が現れるなど、地方自治や個人の力が強まっていることが浮き彫りになりました。

フェーズ3では「新制度」が生まれます。中世ヨーロッパでは相対的に地位を高めた働き手が独立自営の道を歩み始め、日本では墾田永年私財法を契機に農地が国の所有から個人の所有へと転換しました。現代において想定されるのは、道州制の議論の加速化、副業の促進、社会保障としてのベーシックインカムなどでしょう。リスクを分散させる新たな諸制度が生まれていく可能性が高いと言えます。

フェーズ4「大改良」→フェーズ5「社会変革」は、かつて羅針盤や活版印刷の興隆とともにルネッサンスが花開き、荘園制度が武家社会をもたらしたように、新しい技術やビジネスが社会の変化を加速させます。

現代においてはＡＩやブロックチェーン（「ブロック」と呼ばれる記録の塊を分散型ネットワークを構成する複数のコンピューターに記録する技術）が、「分散型社会」を加速させるでしょう。国家、企業、コミュニティ、メディア、資産などあらゆるカテゴリーで既存の枠を超えて分散化が進み、コロナ前の日本とはまったく異なる様相へと変容していくと考えられます。

中央集権から地方自治へ、大都市一極集中から地方都市への分散（本社の移転）、大規模メディアから少人数単位での制作集団へ……形はさまざまですが、ともすれば分断につながりやすい分散を、ＡＩやブロックチェーンなどの「つながりを保つ」技術が補完することになる。

ビジネスの場でも影響力が企業に一極集中しないで、個人の力がもっと強くなっていきます。個人が企業組織とあまり変わらない影響力を持つ時代へ――グランドデザインとしては、そういう流れになっていくと僕は考えています。

感染症の危機がほかの災害と大きく異なる点は、未知のウイルスを前にしたとき、「全員、同じリスクと向き合う」ということです。例えば、東日本大震災は未曾有の大災害でしたが、助けを要する人と、助けに行ける人が明確に分かれていた。東北を中心とする被災地の人々をそれ以外の地域の人々が支援しようと、社会全体でエネルギーを向ける矛先がありました。

ところがコロナ禍の場合は、行動すること自体が感染リスクを高め、医療従事者たちを圧迫することにつながる。誰かの命を奪わないためには「ステイホーム」していることが、一番賢明なふるまいでした。地域も階層も関係なく、みんなが長期にわたる半強制的な自粛生活を余儀なくされたことで、社会全体の価値観や常識は大きく変化したと言えます。

2020年、慶應義塾大学教授でヤフーCSO（チーフストラテジーオフィサー）の安宅和人の打ち出した「開疎化」というコンセプトが大きな注目を集めました。これまで人類が進めてきた「密閉（closed）×密（dense）」による価値創造と逆に、「開放（open）×疎（sparse）」に向かう強いトレンドが生まれると安宅教授は分析しています。今後は、オフィス、飲食店、娯楽施設など、あらゆる場が空間の開放性、通気の良さ、空気回転率といった「開疎化」で評価されるという見立てなどがとても刺激的です。

つまり、開放され、分散していることに価値がある社会へと変容していく。

例えばタワーマンションやタワーオフィスは非常に気密性の高い空間で、同じ建物の中で空気が循環するため、感染症対策からみたら逆に脆弱です。都心部の豪勢なタワマンに居を構えることのステイタス性は大いに希釈されました。

また、リモートワークが推奨される中、アクセスのよさという都心居住のメリットは低下し、緊急事態宣言下の2020年4月に行われたアンケート調査で、「通勤時間を気にしなくていい場所に住みたくなった」と答えた人は27％（10〜30代、SIGNING調べ）。コロナ前に比べ、11ポイント上昇しました。

満員電車で通って都心の高気密なオフィスビルで密集して働くよりも、開放的でゆったりした場所で自由に仕事はしたい。住まいもゴミゴミしていない地域で、風通しのいいゆったりした空間で心地よく暮らしたい――。

「便利さ」「豪華さ」を重視してきた従来の価値観は崩れ、そんな分散型社会の幕開けとも言える感覚が浸透しつつあります。利便性よりも、「衛生」「健康」に価値を見出すようになりました。昭和は「強い国」を、平成は「豊かな国」を目指してきたのだとすれば、令和の日本は「健やかな国」を目指す時代に突入したとも言えます。

## 「収入8割／労働6割」の時代へ

僕の見立てでは、これからは多くの人が「収入は8割になっても構わない。その代わり、労働はこれまでの6割に抑えたい」と考える、生活の再設計が起こります。

長期にわたる自粛生活で消費行動はおのずと制限され、人々は高級店での贅沢な食事やブランド品など、これまで豊かさの象徴だと思われてきたものが無くなったところで何ら困ることはないという事実に気づきました。ハイブランドへの憧れや執着が薄れるとともに消費の娯楽性が減じ、収入を高めることへのモチベーションもまた低下せざるを得ません。

一方で、リモートワークが広く推奨されたことで、人々は通勤のない暮らし、労働負荷が軽減した日々を体験しました。嫌な上司と顔を突き合わせなくたって仕事は回るし、会社というのはずいぶん無駄な仕事や会議が多かったことがわかってしまった。PCを閉じればすぐに寝転がって好きなことができたり、家族と一緒に過ごせたりする生活がいかに快適なものであるかを知りました。

仕事観にも変化が生じます。朝から満員電車に揺られ、残業もいとわず仕事で成果をあげ、出世し、収入を上げていく。そうしたキャリアプランは果たして自らが目指すべき唯一の選択肢なのだろうか、そんな自問が生じて当然です。

キャリアの積み重ねは、組織の中で上を目指すヒエラルキーから、水平方向にさまざまなコミュニティに所属していく方向へと転換するでしょう。会社の中でどれだけ役職が上かではなく、どれだけいろんなコミュニティに仲間がいるか、信用されているかがその人の仕事の価値を決めるようになる。本業における収入アップに見切りをつける代わりに、副業を行うという選択肢を採る人も増えてくるでしょう。

さらにリモートワークは組織のフラット化を加速します。Ｚｏｏｍ画面では偉い人も偉くない人も同じサイズなので、ヒエラルキーの感覚も薄れていく。会社での立場、権威というものがどんどん相対化されていく。

**「ヒエラルキーからコミュニティへ」**がこれからの働き方の大転換の方向です。

〝収入８割：労働６割〟という価値転換の背景には、コロナ以前からすでに多くの人が現代の生産性の低い長時間労働に疑念を抱いていたという状況があります。ステイホームによってある種実験的に労働時間をカットされたことで、疑念が確信に変わったと言ったほうが正確かもしれません。

がむしゃらな労働負荷に耐えて金銭的な豊かさを得る生き方は敬遠され、従業員にそうした働き方を強いる会社は今後市場から敬遠されていくでしょう。

こうした価値観の変化によって、縮小を余儀なくされるマーケットもあれば、注目を浴びるマーケットも出てきます。

盛り上がりを見せるであろうマーケットの一つは、「家時間」にまつわるカテゴリです。テレワークが増えて在宅時間も長くなり、自分自身や家族の幸福の基盤となる住空間がどれだけ快適で、心身の健やかさを担保できるかに関心が向けられています。着心地重視のルームウェアや家事のエンタメ化にまつわるさまざまなサービス、孤独感を癒すペット、〝おうちオフィス化〟へのリフォーム需要も含めた内装、インテリア、家具などは潜在的需要が大きいでしょう。

例えば自粛期間中、マッシュスタイルラボの部屋着ブランド「ジェラート ピケ」はかわいくて肌触りのよさ、着心地のよさがとびっきりいいと人気を博し、売上を大幅に伸ばしました。

また、オフィスに通う人の数が大幅に減る中、自宅で使えるオフィス家具の需要が伸びるという現象が起こりました。オカムラのオフィスチェア「ノーム」は、（高級オフィスチェアのような）長時間座っても疲れないクッション性や、角度だけでなく反発力まで調整可能な背もたれがついて2万円台からという商品設計が受け、大きく伸びています。

デスクやチェア、ベッドなどの家具は、体への負担が小さくて快適さを増してくれる、人間工学に基づく設計のなされた商品が注目を浴びることになるでしょう。

## 市場の拡大から市場の濃縮へ――〝エッセンシャル消費〟の時代

社会の変化を踏まえると、当然ながらマーケティングの考え方も根本から変わってきます。その転換のありようは、「市場の拡大から市場の濃縮へ」というキーワードで表せます。「便利」「豪華」が主要な価値指標だった時代、機能やデザインが一新、改良されるニューモデル発表に対する人々の関心は高かった。ところが、消費者の心理は変わりました。それまでキャッチアップしてきた商品の更新には距離をおき、代わりに残ったのは、「こんなに不自由な状況だけど、それでも絶対にほしいもの」「私らしく生きていくために、本当に不可欠なもの」だけでした。

つまり、**〝エッセンシャル消費〟の時代**です。

エッセンシャル（essential）とは「必要不可欠」という意味ですが、ここでは最低限の消費というよりは、その人にとって絶対に必要なもの、あるいはすごく愛おしい、本当にほしいものを買うという意味で使っています。「収入8割」を許容する以上、消費も総体としては減ります。ただ、それは消費意欲の〝減衰〟ではなく〝厳選〟と呼ぶべきものです。

何回着るかわからない高級ブランドの外出着を一着買うよりも、着心地のいいルームウエアのほうがほしくなる。あるいは高額なブランド品を買うなら、トレンドだから、みんなが持っているから買うのではなく、心から自分がほしいと思うものだけを買う。そんな消費行動が主流になっていくでしょう。

実は、外出自粛が呼びかけられ、町中の多くの飲食店から客の姿が消えたときも、ミシュランで星を獲得するような高級店には普段とあまり変わらない光景が広がっていました。本当においしいもの、質の高いものを提供する店には太い固定客がいて、苦境のさなかでも、その客たちにしっかりと支えられていたのです。

そういう店は、派手な広告で集客を図っては回転率で利益を積み上げるようなことはしません。たいていは小規模で、今目の前にいる顧客に満足してもらうことに全力を注ぎ、そうした努力の積み重ねによってリピーターを獲得している。

これまでのマーケティングの基本的な考え方が「100人の客を120人、130人に増やしていこう」という市場の〝拡大〟を目指していたとするならば、これからは「100人の客にもう一品、買ってもらおう」「何度でも足を運んでもらおう」という方向に変わっていく。つまり、市場の〝濃縮〟へと発想を転換する必要がある。

これはあらゆる業種で「コミュニティ・ビジネス化」が進む、という言い方もできます。目の前の顧客、現に自社の商品を買ってくれている顧客の満足度、幸福度をどれだけ高められるかというところにクリエイティビティを働かせることが必要なのです。

コロナ危機で深刻な打撃を受けたアパレル業界の中で、前年同月比200％という非連続な成長を達成し、20代女性を中心に熱烈な支持を集めるファッションブランド「foufou（フーフー）」をご存知でしょうか。foufouの服は日常的に使いやすい服とは少し異なります。えつ、ワンピースやスカートにこんなにたっぷり布を使うの？　と驚くような贅沢感とかわいさで、まるでフランス映画の中にいるような非日常性を味わわせてくれます。

同社のスタンスは独特で、広告宣伝を打って販路を拡大しようとは一切せず、既存の顧客との関係を深めることに注力しています。

実店舗を持たないfoufouは、コロナ禍で試着会等が中止になる中、インスタグラムによるライブ配信に力を入れ、スタッフが自ら試着し、服の説明をします。視聴者からのさまざまな質問にデザイナーとスタッフが直接回答し、この素材はシワになりやすいといった商品のデメリットも正確に伝えてコミュニケーションをとっている。

顧客との濃密な信頼関係に支えられた同社の在庫消化率は、98％。ファッション業界の大量生産・大量廃棄（日本だけでも衣類破棄は年間１００万トンにのぼる）という環境汚染問題にも一石を投じる企業姿勢と言えるでしょう。そんなブランドの誠実な姿勢も深い共感を呼び、熱烈なファンが集まっている。

これからの広告が注力すべき役割は、他社と比べた優位性やコストパフォーマンスをアピールするプロモーションよりも、その商品なりサービスが持つ特色に愛着を生むブランディングです。これまで繰り返し述べてきたように、それは企業の具体的な行動、ブランドアクションがあってこそのものです。

## ステイタスよりスタンスが重要

ブランドとは何かを簡潔に言い表せば、それは企業への信頼と共感です。それらをいかに醸成できるかがカギです。

今、重さがわずか76グラム、ただお値段は1万円超という折り畳み傘が売れているのはなぜか。その傘が、有名な釣り具ブランド「DAIWA」が手がけたものだからです。細くて軽いのに、しなやかで折れない釣り竿。その一級品の技術を持った会社がつくった傘ならば信頼に足る、高くても買うだけのクオリティがあると消費者が感じているからです。

あるいは、ラーメンチェーンの一風堂は、バレンタインデーに合わせた特別企画として「赤丸ペア割」を実施しました。ペアで来店し、特定のラーメンを注文すると、同じラーメンがもう一杯分無料になるサービスです。

この企画がリリースされたとき、「ペア」という表現が「どこからどこまでを指すのか」「同性でも対象になるのか」といった疑問を世間に生じさせました。これに対し、議論を重ねた一風堂が出した答えは「誰も仲間外れにならない企画にする」。ペアの性別を問わないことを明言しました。

こうした対応もやはり、消費者からの共感を深めました。もしかしたら、「ペア割」の当初の目的は、市場の〝拡大〟だったかもしれませんが、「一風堂は誰も仲間外れにしない」と宣言した瞬間から、「ペア割」の意味は市場の〝濃縮〟へと変化した。

前から一風堂のラーメンが好きだった人は、より一風堂のことが好きになったでしょうし、カップルの相手に、一風堂がいかにすばらしいかを語ったかもしれない。顧客との絆が深まれば、自然に客は繰り返し来店してくれます。

これが「市場の拡大から市場の濃縮へ」の本質です。

このとき注意したいのが、ブランディングにおいては「**ステイタスよりスタンス**」が重要になるという点です。

先の章でも触れましたが、わが社は30年つづくブランドで業界シェア何位ですとステイタスを示すよりも、ダイバーシティやサステナブルなど、その企業が社会と向き合う思想を反映させながら行動でスタンスを表明し、社会あるいは顧客とコミュニケーションすることがブランディングに直結します。

シャープのツイッター活用法などは一つの好例でしょう。いかにも大企業らしい堅苦しさがなく、ウィットに富んだ投稿は人気を集めています。コロナ禍でシャープがマスクの生産を開始したことが話題になりましたが、アクセスの集中でサーバーがダウンし販売ページが開けなかったとき「私ですら今日一度も見れませんでした」と率直な言い回しで非を認め、炎上を回避しました。「107年の歴史で最大のヒット商品がマスクになってしまいそうな感じ、複雑な気持ち。」といった投稿を重ねることで醸成されたいわば〝人格〟が、共感を生み、いら立ちを募らせる人々を和ませました。

コロナ禍を受けてビール大手のバドワイザーは、「私たちは一つのチームだ」というメッセージを掲げ、スポーツ協賛に使うはずだった予算を最前線で働くヒーロー、医療従事者たちのために使うと明言し、赤十字の献血活動のためにスタジアムを開放しました。

あるいは、アメリカで起きた白人警察官によって黒人男性が圧迫死した事件では、ナイキ、アディダス、リーバイ・ストラウス、GAPなどのグローバル企業が反差別に明確な賛同を示しました。

自社の落ち度にせよ社会問題にせよ、企業がきちんとスタンスを示すことが顧客との信頼関係を生みます。それには世の中の空気に対する敏感なセンサーと社会の構成員としての確かなモラルが求められます。リスクを恐れて沈黙するのではなく、適切なスタンスを表明することが企業のブランディングに直結し、市場の濃縮、すなわち顧客との強い絆をつくり、継続的に利益を生むことにつながるのです。

## Nの最大化からNの細分化へ――メディアの変化

実はこの「市場の拡大から市場の濃縮へ」のロジックは、メディアにも当てはまります。これからは、マス（大量）コミュニケーションよりも、個別の視聴者・読者を深く意識する方向に舵を切ったほうが、メディアとして強い。つまり、「N（視聴者・読者）の最大化から、Nの細分化へ」という変化の過渡期だと思います。

フリーアナウンサーの滝川クリステルさんが次のような興味深い体験を語っているのを聞いたことがあります。

テレビのニュース番組に出演していた頃は、冒頭で「テレビの前の皆さま」と語りかけていた。その後、ラジオ番組に出演した際、いつものように「ラジオの前の皆さま」とリスナーに語りかけたところ、ディレクターから注意を受けたそうです。

「リスナーはみんな、自分とパーソナリティが1対1で話しているつもりで聴いている。だから、『ラジオの前のあなた』って言わなきゃダメなんだよ」と。

これは、今後のメディアのあり方を考えるうえでヒントになるエピソードです。不特定多数よりも「私に向けられた」と感じるメディアのほうが強い。

まさにラジオは、これからの世の中との相性がよいでしょう。在宅時間が長くなり、料理などの家事にかける時間、子どもと接する時間も増える中、目と耳の両方を集中させなければいけないメディアよりも、何となく流し聴きできるメディアのほうが好まれる。

今後、視聴の〝カロリー〟をいかに抑えられるかもポイントになるでしょう。集中を要する長時間の番組よりも、「ながら」で楽しめ、小刻みな視聴スタイルを許容する番組構成、いうなれば〝低カロリー〟なコンテンツがウケる。

ただし、制作姿勢まで低カロリー化してはいけない。大ヒットした映画『カメラを止めるな！』（2017年）のように、低予算でも高カロリーな熱をこめて作品はつくれます。制作に対する情熱を大事にしつつも、コンテンツの形式としては低カロリーで楽しめるものを意識する。それが、細分化されたNに向き合うことが求められる時代のメディアの一つの道筋ではないかと思います。

## 「衛生産業」と「超距離産業」の確立

さて、マーケティングの話をもう少し進めると、「健康」や「清潔化」を担う産業の分野では新しいビジネスが生まれるでしょう。ここでは「衛生産業」と呼びましょう。

基本的なマスク、手洗い、手指消毒は、コロナ感染防止策として重要性が再認識されましたが、「匂いケア」や「アンチエイジング」といった商品ジャンルが確立されたときと同様、「衛生」「健康」をテーマとした市場に対し、さまざまなプレイヤーが参入してくることが予想できます。

衛生用品の新開発のみならず、例えば場所や個人の衛生環境がどれだけ保たれているかを数値化した〝衛生指数〟がつくられ、それをスコアリングするサービスなども登場する可能性が高い。それは住宅やクルマ、飲食、宿泊など、あらゆる業界に波及します。つまり、「この空間、この食べ物は十分な衛生ケアが施されている」という証明が価値になる。

また、衛生ケアにまつわるさまざまな付加価値は、オプションメニューとして課金のチャンスになるでしょう。エコマークや環境ＩＳＯのような認証制度が衛生面でも確立し、社会が価値を見いだす基準が一つ増えると、新たなビジネスチャンスがやってきます。

もう一つ活性化が見込まれるのが、〝超距離産業〟です。

ウイルス対策において必要なソーシャルディスタンスやリモートワークなど、距離にまつわる社会課題を超えるような商品・サービスです。

Ｚｏｏｍを使ったオンライン会議はコロナを機にいっきに増えましたが、サテライトオフィスやリモート採用、オンライン営業など、あらゆる企業活動が遠隔で実施可能になり、それをサポートするビジネスが拡大していくと考えられます。「CASTER BIZ」のような、さまざまなリサーチ作業や事務作業をチームで請け負うオンラインアシスタントサービスも増えていくでしょう。ちなみに同社は本社オフィスを持たず、全社員が全業務をリモートで行っていて、３００人規模の会社でも完全リモートが可能なんだという証左になっています。

３密を避ける新しい生活様式によって、大人の部活としてのオンラインサロンが増加し、オンライン婚活も広がりを見せています。ウェビナーは文化として定着するでしょう。また、職場と住宅を近距離に置く「職住近接」から、職場と住居を離れたところに置く「職住遠隔」へと移行する人が増えると予想される中で、不動産や人材派遣の分野で新たなサービスが出てくることも考えられます。

教育分野で大きな注目を集めるのは、ベネッセコーポレーションが無償で始めたこどもちゃれんじの「オンライン幼稚園」です。これは、幼稚園で過ごしているときと同じ生活リズムを保てるようオリジナルカリキュラムが組まれ、読み聞かせなどのさまざまなコンテンツをウェブで視聴できるサービスです。

90以上の国と地域で提供され、開園から1カ月足らずで、利用者は20万人を突破しました。通信制教育は以前から行われてきましたが、今後はより広範な利用者を対象とした教育システムへと拡充していく可能性が高いでしょう。このように、従来は同じ空間を共有することで価値を提供してきたビジネスが、いかに遠隔で同じような価値を提供できるか、工夫が重ねられる。これらの取り組みを僕は「超距離産業」と名付けています。

## 空間の共有から時間の共有へ——イベントの変化

一方、コロナで危機的状況に追い込まれた業界もあります。代表例が、イベント業界やエンターテインメント業界です。

ライブやコンサートなどは、大勢の人が集まり、同じ空間を共有しながら盛り上がることに価値がありましたが、3密のリスク認定とともに否定されてしまいました。この危機に緊急回避的に用いられたのは、やはりオンラインツールでした。

アメリカの人気ラッパー、トラヴィス・スコットは『フォートナイト』とコラボレーションし、ゲーム内で架空の音楽イベントを開催しました。その公演に参加したファンの数は世界中で1230万人に上ったと言います。興味深いのは、アーティストが登場する〝会場〟の役割を担ったのがオンラインゲームだったという点です。

コロナ禍の中で、自宅で楽しめるゲームの需要が大きく高まりました。とりわけ、発売時期（3月20日）が重なった、Nintendo Switchのゲーム『あつまれ どうぶつの森』が大ヒットを記録しました。無人島に旅をして、動物の隣人たちと友だちになったり釣りをしたり……殺伐とした現実とは対照的な、ほのぼのとした世界観が癒しとしてウケたのでしょう。

それだけでなく、『あつもり』はデモの場としても活用されました。香港における民主化運動です。いわゆる逃亡犯条例に端を発して2019年から盛り上がりを見せ、若者を中心に最大約200万人（主催者発表）が参加していたデモは、新型コロナウイルスの感染拡大を受けて、活動が失速していきます。

外出が規制された香港の人々は、日本と同様、『あつもり』に夢中になりましたが、そのゲームの世界の中で、デモで訴えてきたメッセージを表現し始めたのです。抗議の意思を込めたアート作品を家の庭先に掲げたり、その作品を他のユーザーと共有したりしながら、ヴァーチャル世界でのデモが形作られていきました。

これらの事例も示すとおり、イベントのあり方は大きく変わろうとしています。端的にいえば「空間の共有から時間の共有へ」という変化です。その変化を受け入れてこそ、イベント業界、エンターテインメント業界の活路は開けてくるのではないでしょうか。

ライブコンテンツとしての魅力を維持しながら、世界中に散在するファンをどう束ね、盛り上げていくか。

例えば無観客ライブ映像に付加価値として副音声をつけて、同じ時間に感情を同期させる体験をつくるのは試みとして面白いかもしれません。ドラマ『M～愛すべき人がいて～』に伊集院光と古市憲寿が副音声でコメントしているのをAbemaで見られたりしてなかなか面白いのですが、一緒にこの番組やライブを見ているという時間共有型のコンテンツは今後もっと増えていくでしょう。

無論、リアルに人を集めるイベントも、不可能なわけではありません。ただ、規模が大きくなればなるほどハードルも上がり、リアルなライブは自ずと短時間・高単価なものに変わっていかざるを得ないでしょう。

それはスポーツ界も同様です。例えば格闘技なら、1回の興行に前座からメインイベントまでの数試合が組まれることが一般的ですが、人の密集を短時間に留めるワンマッチ興行が主流になるかもしれません。観客を入れるにしても限定された形になる。いずれにせよ、現地の会場に足を運んでライブコンテンツに触れることの希少価値は増していくだろうと思います。

## 売り場は〝スタジオ化〟する

リアルな空間に多数の人を集めることが難しくなると、店舗や売り場に対する考え方も変えていく必要があります。ただ、店に人を呼び込めないからといって、販売機会が減るわけではなく、むしろ買ってもらうタイミングは増えます。

新しい消費者の購買行動は「ビフォー買い」と「アフター買い」という2つに大別できます。

来店前のビフォー買いとは、例えば、中国などで行われているライブコマース。店舗でインフルエンサーが動画配信を行ってさまざまな商品の魅力を紹介すると、動画を見ている人が次々と購入していく。いわばデジタル上の訪問販売のような形態で、実店舗に足を運ぶ前に（足を運ぶことなく）モノを買ってもらう。そうしたビフォー買いがますます増えていく可能性があります。つまり店舗が放送スタジオになるのです。

一方のアフター買いでは、客は一度店舗にやってきます。ただ、その来店時にモノを買うわけではない。実際に手に取り、その商品の価値をひとまず体験する。あるいは、来店時に会員登録を済ませる。そして家に帰り、よく考えたのちに、ＥＣサイトで商品を買

## 「ショップ」から「スタジオ」へと変化

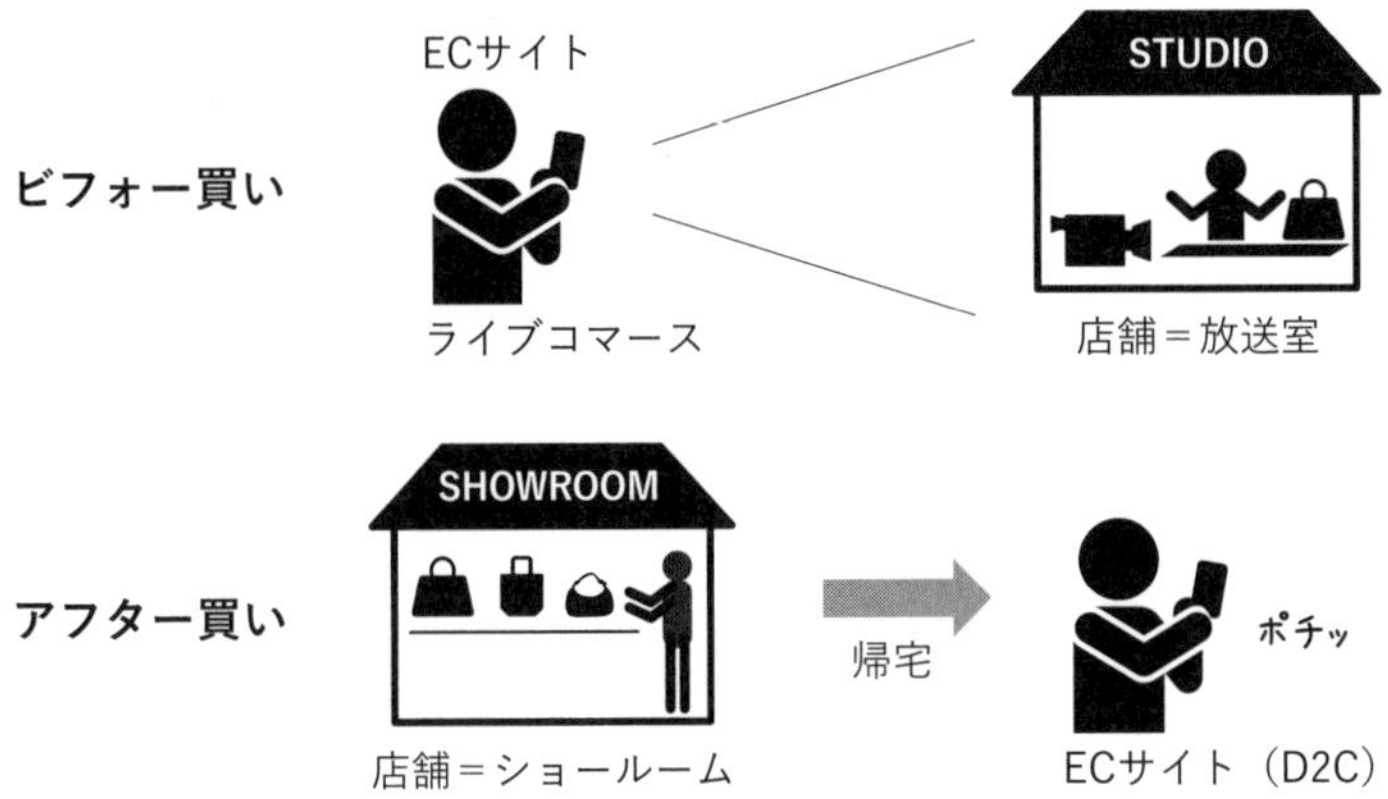


う。これがアフター買いです。店舗はいわばショールームとして機能します。

D2C（Direct to Consumer）、つまり自社で企画・製造した商品を、自社のECサイトなどで販売するモデルでこの方式は多く採用されています。

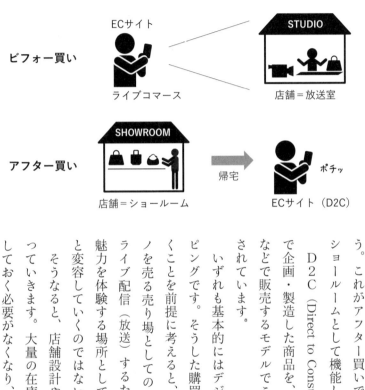

いずれも基本的にはデジタル上でのショッピングです。そうした購買の仕方が増えていくことを前提に考えると、店舗は、実際にモノを売る売り場としての「ショップ」から、ライブ配信（放送）するための場所、商品の魅力を体験する場所としての「スタジオ」へと変容していくのではないでしょうか。

そうなると、店舗設計や接客の概念も変わっていきます。大量の在庫を店舗にストックしておく必要がなくなり、かつ来客数も減ることから、店は広さを必要としなくなるでしょう。

また、特にビフォー買いの方式においては、画質や音声の配信クオリティの高さがオンラインにおける接客技術＝ホスピタリティとして機能します。従来の店舗では、細やかな気遣いや丁寧な応対がホスピタリティだったわけですが、オンラインではそれ以上に、配信環境をどれだけ整えられるかが重要になります。商品が映える照明、聞きやすい音声、商品を魅力的に映し出すカメラにこだわりを持ったほうが、売上に直結します。無論、配信者のわかりやすいトークスキルがどれだけあるかもまた、重要な意味を持ってきます。

小売に携わる人たちは、こうした変化の方向性を念頭に入れながら、店舗や売り方についての戦略を練っていく必要があります。

## 個が輝く〝クリエイティブの世紀〟

ここまでマーケットの変化についていくつかのポイントをおさえてきましたが、個人に起きる変化は、労働・収入への向き合い方や住空間重視の姿勢だけに留まりません。若い世代を中心に、〝令和のルネッサンス〟とでも呼ぶべき大変化が起こると考えています。

外出自粛期間中に実施された先のアンケート調査で、10代・20代のうち24％が「創作活動をすることが増えた」と回答しています。その内容としては「楽器を演奏」が30％（コロナ前に比べ12％増）、「絵を描く」が30％（同11％増）。万人を巻き込む災禍の到来と、半強制的な在宅生活は、若い世代のクリエイティブな活動への意欲を顕著に高めたのです。〝3密〟の回避によりイベントのオンライン化が進んだことも、彼らの背中を押しました。〝発信ネイティブ〟世代である若者の創作活動は、主にSNSを通じての発信と紐づいているからです。コンテンツのオンライン提供（享受）が主流化することは、創作と発信に対するモチベーションを高めます。

今後は、リアルを前提としないアート・エンタメジャンルが確立されるとともに、全世界で同時に自宅制作型カルチャーの勃興と連携が起こると見ています。中世ヨーロッパにおけるルネッサンスのような文化的興隆をクリエイティブな若者たちが担うことになる。社会制度の転換点において個が解き放たれるとき、アーティスト、起業家、政治家などを志す若者が増えると予測しています。昔なら画家や作家といったアーティストになったタイプの人たちが起業し、今やビジネスとアートの領域はどんどんシームレス化しています。

例えば、ユーチューブを配信するためのアバターをつくっているMirrativ（ミラティブ）という会社があります。自分のアニメのキャラクターをつくってゲーム実況を生配信できるこのサービスは、ゲーム実況したくとも自分の顔出し声出しをするのは嫌だと思っていたユーザーから熱烈な支持を集めています。同社の83年生まれの赤川隼一社長はもともとバンドマンでミュージシャンに憧れていたのが起業に踏み切った。「若者が世界を変えるために最初に手にとるものがギターだった時代から、最初に手にとるものはマックブックになった」と言えます。

つまり、一人が革命を起こすにはペンを手に書くか、ギターを手に歌うのがコストパフォーマンスがよかった時代から、今や起業したほうが世の中にクリエイティブなインパクトを与えられる時代となった。

ミドリムシを使って人を健康にしようとするバイオベンチャーのユーグレナは、もう着想からしてあまりにも大胆です。同社の出雲充社長は昔でいったら南方熊楠《みなかたくまぐす》のような存在でしょう。今は起業家がすぐれたクリエイターでもあるのです。

クリエイティビティの発露において、事業、アート、音楽、政治などジャンルの壁はどんどん消え、ボーダーレスなものになりつつあります。

コロナの感染拡大によってステイホームが推奨されていた時期、シンガーソングライターで俳優の星野源が『うちで踊ろう』という曲をつくり、弾き語りの動画をインスタグラムに投稿しました。そして「誰か、この動画に楽器の伴奏やコーラスやダンスを重ねてくれないかな?」とのメッセージを添えた。

曲と映像が醸し出す雰囲気は優しさに満ちていて、メッセージには押しつけがましさもなく、その投稿はいっきに拡散しました。有名無名を問わずさまざまな人が思い思いのアレンジを加え、巨大なコンテンツとなった。まさに、〝クリエイティブの世紀〟の第一歩と言えるような現象だったと思います。

ちなみに、星野源の問いかけに反応した一人に、安倍晋三首相がいました。自宅でくつろぐ動画を組み合わせた首相の公式ツイッターへの投稿は大顰蹙《だいひんしゅく》を買う結果となった。社会の空気を的確に捉えて発信するアーティストと比して、クリエイティビティの有無によってこれほどの差が生じることを浮き彫りにした出来事でした。

かたや、コロナによる危機的状況に対峙する中で株を上げた政治家もいます。海外では、マスクのリアルタイム在庫マップをインターネットに公開し混乱を回避した台湾の〝天才〟IT担当大臣・唐鳳（オードリー・タン）をはじめ、自分の言葉で語れる政治的指導者、国民に親身に寄り添う姿勢を体現できる人物が注目を集めました。日本でも、知事や市長といった自治体の首長の中に、若くしてリーダーシップを発揮する人物が現れました。自らの言葉で市民と向き合い、コミュニケーションをとる政治家はクリエイティブな指導者といえます。

コロナを境にさらに存在感を示すようになったアーティスト、政治家、起業家、シェフ、カリスマトレーナー……彼らに共通するのは、明確なスタンスと発信力です。自分はどんな価値観を持って生きているのか、社会の課題に対してどんなスタンスを持っているのか、世の中に何を生み出したいのか。クリエイティブなあり方がそのまま個人のブランディングに直結するのです。

例えば、料理家の鳥羽周作さん。東京・代々木上原にあるフレンチレストラン「ｓｉｏ」のオーナーシェフですが、コロナ禍のさなか、いっきに知名度を上げました。自宅で料理をする人に向けた無料レシピの公開。オンラインサロンでの料理教室。フレンチのシェフでありながらベトナム風サンドイッチや生姜焼き弁当のテイクアウト販売を行うなど、苦境をものともしない精力的な活動を展開しました。ＳＮＳ上で大きな反響があり、テレビメディアにも多数出演しました。

鳥羽さんは以前から、来店した客一人ひとりと連絡先を交換する取り組みを行っていました。だからこそ、コロナ危機に際しても、レシピ公開やテイクアウトサービスの開始を個別に連絡でき、顧客をつなぎとめることができた。また、顧客たちからの発信を促すことで影響力を増幅させることができました。ミシュランの星を手に入れるよりも目の前のお客さんを大切にするようなマーケットの濃縮、地道に続けてきた個のブランディングが、危機の中で強みを発揮したのです。

個のブランディングができる人は、「ヒエラルキーからコミュニティへ」とさまざまな可能性を大きく広げることができます。オンラインサロンのようなコミュニティの形成はもとより、最近ではウェビナーの活用も広がっています。手軽で、コストもかからず、国内だけでなく海外の人も参加可能なウェビナーというシステムは、リアルなイベントの実施に代わる消極的な選択肢としてではなく、一つの文化として定着していく流れにあります。

また、個人のマルチワークが一般化し、アイデンティティのあり方として、「僕はデザイナーであり料理人なんです」とか、「平日は弁護士・週末はＤＪやってます」とか、２つ以上の仕事をやるのが当たり前になるでしょう。発信力のある個人ほど、複数のコミュニティにおいて自らの価値を評価され、輝きを放ちます。

## 「発想」から「実装」へ

個人においても企業においても、今はブランディング、社会課題に対するスタンスが問われる時代です。単に広告的イメージを打ち出すことだけでなく、具体的な行動をともなうこと──社会の問題と向き合う中で発想したコアアイデアを、事業レベルで実装してこそ強い説得力を持ちます。

コロナによる社会不安が高まった時期、多くの企業がメッセージ広告を掲げましたが、行動こそが最大のインパクトを生み、最良の広告ともなりました。

例えば、掃除機で有名な家電メーカーのダイソンがわずか10日間で人工呼吸器「CoVent」を開発し、イギリス政府から1万台を受注したというニュースは、ダイソンが持つ技術力の高さをこれ以上ない形で示すものとなりました（その後、当初の需要の見込みがなくなり、政府による発注がキャンセルされたことは痛手でしたが、世界的に大きな宣伝となりました）。

ルイ・ヴィトンは、香水の製造ラインを活用して消毒用ジェルを生産。フランスの保健当局や医療機関に無償で提供したことはブランドイメージを大いに高めました。

個人の例でいうと、ユーチューバーのヒカキンが、Yahoo!ネット募金で「コロナ医療支援募金」を立ち上げ、自ら1億円の寄付を行ったことは大きな話題になりました。ヒカキンの呼びかけに対して18万人が募金に協力し、寄付金の総額はわずか3日間で2億円を突破しました。寄付を社会的なムーブメントにまで高めた功績は非常に大きいと言えます。

こうした流れを踏まえて、新しい時代のクリエイティブディレクターのあり方でいうと、これからの広告クリエイターは、ただ「こんなCMをつくりましょう」と投げかけるのではなく、事業レベルでのアイデアを提案し、実装する力が求められます。

そのためにはクリエイター自身がテクノロジーに対して深い理解を持ち、その企業の経営者との深い信頼関係を築き、事業をめぐる法的問題をクリアするために法律の専門家とも協業する必要があるでしょう。異なる企業をマッチングさせる力や、ITによって事業の可能性を切り開くDX（デジタル・トランスフォーメーション／デジタル技術によるビジネス改革）をリードする力も求められるかもしれません。

具体的な行動、事業とセットになってこそ、社会に鮮烈な価値を生み出し、広告クリエイティブはインパクトの強いものになります。

「実装」こそが現実を動かす力になる。GOの行っている事業クリエイティブはそんな信念のもと邁進しています。

## クリエイティブが未来を切り開く

ここまで、ポストコロナ時代に起こるであろう社会の変化を、さまざまな角度から考察してきました。

「健やかな国」の時代は量的成長ではなく、質的成長へとシフトします。

どんな働き方をするか、社会で何がしたいのか、生活で一番大切にするものは何か、自分自身でデザインする必要があります。心からほしいものは何か、誰とどんなコミュニティを形成するか、自分にとっての理想のあり方を決めなければなりません。

それはとりもなおさず、「私」という人間の本質を発見し、世界の複数性の中で再定義し、社会に何を生み出せるのかを思考する、クリエイティブな生き方にほかなりません。

企業もまた、変化の激しい社会でどう生き抜くかを真剣に模索する時代です。

どんな思想を持ち、どんなスタンスを表明するか。戦略を練り、ブランディングに取り組み、あらゆる業種で、どこにビジネスチャンスがあるかを見極めなくてはならない。

個においても企業においても、これからはクリエイティブな力が未来を決定します。こと持たざる者、小さき者にとって、クリエイティブこそが逆転のチャンスとなる。

変化の触媒となるコアアイデアを生み出し、実装する――そんな社会に新しい価値を生み出し続けるクリエイティブな行為は、共感や熱狂をベースとした新しい経済圏をつくり出します。

すなわち〈クリエイティブエコノミー〉の到来です。イノベーションエコノミーと呼ばれることもあるこの言葉は、人間しか生み出せない、思想や情熱、偏愛や意味を持った非効率が特別な価値を生み出し、経済を成長させることを意味します。ＡＩが日進月歩に進化し、グローバル化の中で効率が極限まで突き詰められるからこそ、人が持つ創造性に立ち返る必要がある。

そもそも現代においてお金と幸福の関係は大きく変容しました。ユニクロがあってスターバックスがあって、スマホとネットフリックスのある世界では、そこそこのお金があれば誰しもがそうとう快適な生活を送れます。年収が５００万だろうが５０００万だろうが、生活の基本的な快においてさほどの差があるわけでもない。少なくとも10倍の差はない。

幸福で快適な生活を送るのに、多額のお金は必要なくなった。ポストコロナにおいて、「収入８割、労働６割」でいいという感覚はますます広がるでしょう。

そんな時代においては、自分が心から好きなもの、本当に推したいもの、真に熱狂できるものに人はお金を投じます。共感をベースに経済はまわり、コミュニティにおけるその連鎖が経済を活性化させる。クリエイティブこそが人の感情をゆり動かし、未来をつくるのです。それは、人口の増加と経済成長を前提とした現行の諸制度を超えて、新しい経済のあり方や、社会の仕組みを生み出すものになるかもしれません。

冒頭で、クリエイティブで取り組むべき喫緊の課題は、この国を駆動する新しいコアアイデアの開発だと述べました。失われた30年の経済的低迷と、閉塞感が漂う日本にコロナ危機が与えた打撃は、未知の危機をもたらしたというよりは、社会の中ですでに進行していた諸問題を浮き彫りにし、グローバル規模で不確実性を〝超〟加速させたとも言えます。

しかし、逆にいうと「ピンチはチャンス」です。確かにロジックを積み重ねるだけではもはや未来は切り開けないでしょう。自らが変化の主体となって、先の読めない荒波を切り開き、楽しむ姿勢が求められます。

既存のルールに縛られるのではなく、ルールを新しくデザインし、みんなを巻き込んで遊ぼう。のびやかな発想で社会のさまざまなモノや事象に新しい価値を見出し、実装していこう——行動する者にこそ未来の扉は開かれます。そんな個のクリエイティビティから出発した非常識な正解こそが、非連続の質的成長を生む。

あらゆる業界のあらゆる業態の中で、一人ひとりがその持ち場で社会の問題解決のために何ができるかを考え、新しい価値を生み出そうとするとき、そのコアアイデアの総和は力強い奔流となって日本社会を次のステージへと導くと確信しています。

この本を読んで、発想と実装の技術に少しでも触れることができたなら、次はあなたの人生のコアアイデアを発見してほしい。仕事は重要だ、家庭も大事だ、趣味もある。いくつもある選択肢の中で、自分自身と向き合い、自分自身を幸福にするために。

〝超クリエイティブ〟とは仕事術に見せかけた、あなたがあなたの人生と闘い、意志を持ってそれを乗り超えていくための技術です。

あなた自身の中にあるクリエイティブな力があらゆるものを超えさせるのです。自分の限界を、人生のハードルを、仕事の困難を、日本の閉塞を、世界の諸問題を。人類が生み出したあらゆる技術の中で、クリエイティブという思考法と生き方にはそれだけの力があります。

よりよい人生と社会の未来は、あなた自身の手の中にある。

本書は、ここから一歩踏み出していくあなたの伴走者です。

さあ、共に走ろう。

夜明けはすぐそこに来ている。

行こう、その先へ——。

# あとがき

クリエイティブとは何か。

この問いかけに対して、誰よりも真剣に向き合ってきた自負があります。

大学時代、小説家の夢を諦め、表現にまつわる仕事をしたいと考えながら就職活動に身を投じながら。

大手の広告代理店に入社し、クリエイティブ部門を熱望しながらも、マーケティング部門に配属され、絶望しながら。

念願叶って、クリエイターの名刺を手にしたにもかかわらず、全く思ったような成果を出せずに悩みながら。

大組織を出て、自分の会社をつくり、クリエイティブの可能性について試行錯誤を重ね続けながら。

簡単には手に入れられなかったからこそ、自分に自信がなかったからこそ、誰よりも、ずっと、クリエイティブとは何かということを問いかけ続けてきました。その現時点での答えが、この本に書かれています。

それは、非連続の成長を生む力であり、非常識な正解を見つける力であり、常識をひっくり返す力であり、現実を変える力である。少なくとも、僕はそう信じています。だから、この本を読んで、クリエイティブとは何かという問いの答えの一端に触れたあなたが、少しでも自らの現実を変えようと行動してくれたなら、著者としてそれ以上の喜びはありません。

感想をツイートしたりインスタのストーリーズにあげてもいい。ＬＩＮＥで友人に勧めてくれたり、ｎｏｔｅで自分なりの解釈や感想文を書いてくれたら、本当に嬉しい。

何度でも繰り返します。発想だけでは、現実は変わらないのです。発想し、それを実装して初めて、現実は少しだけ、変わる。その少しだけの、薄皮一枚を重ねていくような変化を、何度も何度も積み重ねて、人生とか、社会とか、形のないものをちょっとずつ変えていくのです。必死に生きる、全力で生きる、自分の人生を生きるとは、きっとそういうことだと思うのです。その意味で、クリエイティブとは、自分の人生を生きるための技術、あるいは思考法と言えるのかもしれません。

さあ、もうあとわずか数ページです。この本を読み終え、背表紙を閉じたあなたに、世界はどんな風に見えているのでしょうか。


踊らされるな、自ら踊れ。

怒り、連帯し、事件を起こそう。

クリエイティブという武器を手に、社会と全力で向き合う。

時代はいつも、あなたから変わる。


この本を読んだあなたは、僕にとって、すでに一緒に未来をつくる仲間であり、未来を競い合うライバルでもある。いつかどこかで会うこともあるでしょう。

そのときに、あなたの答えを聞かせてください。

クリエイティブとは何か。

答え合わせは、まだ先。


末筆になりますが、この本を書くうえで、ものすごく多くの方にお力をお借りしました。謹んで、御礼を申し上げます。

まずは文藝春秋の山本浩貴さん、そしてライターの日比野恭三さん。お二人の圧倒的な整理力、傾聴力、知性、思いやりにつくづく感服しています。このお二人のお力添えがあり、初めて僕はこの曖昧な思考の奔流を、力ずくで書物の形に閉じ込めることができました。ありがとうございました。

そして、GOのメンバー各位。

みんなが、一緒にクリエイティブの領域を広げる実験を楽しんでくれるから、僕は航海を続けられます。特に秘書のナミーさん、あなたのスケジュール管理と叱咤激励がなければ、僕は早々に挫折していました。ありがとうございました。みんな、これからも一緒に冒険していこう。GOを世界一のクリエイティブカンパニーにする。その思いがブレたことは一度もないよ。

GOを、僕を支えてくださるパートナー各位。

自ら変化しよう、新しいことに挑戦しようという類稀なる意志をお持ちの皆様にGOも僕も支えられています。本来なら大手に依頼すればいいところを、勇気を持って僕らと握手してくれるその気持ちに応えるために、僕たちは何度だって夜を明かすし、声も嗄《か》らします。いつもありがとうございます、そして、引き続き宜しくお願い致します。一緒にブレイクスルーしていきましょう。

博報堂・TBWA\HAKUHODOの仲間たち。

２００７年から２０１７年まで、クリエイティブとは何か、みんなと無限に話し合い、極限まで悩んで、ゲラゲラ笑い飛ばしたあの時間は今なお、僕の武器であり、財産です。

いつもありがとう。また、話そう。


仲間たちへ。

牧野圭太さん、高木新平さん、栗林和明さん、明石ガクトさん、佐々木紀彦さん、東畑幸多さん、眞鍋亮平さん、古川裕也さん、小西利行さん、岸田奈美さん、小杉幸一さん、井口皓太さん、鈴木おさむさん、佐藤夏生さん、辻愛沙子さん、佐渡島庸平さん、龍崎翔子さん、嶋浩一郎さん、中川悠さん、橋田和明さん、藤野良太さん、砥川直大さん、鶴見至善さん、瀧澤慎一さん、竹村俊助さん、土屋尚文さん、築地ＲＯＹ良さん、鈴木瑛さん、ゆうこすさん、渡辺将基さん、曽原剛さん、青木真也さん、佐藤大輔さん、北野雄司さん、糸井重里さん、そして故・岡康道さん……ここには載せきれない、同時代を生きるクリエイターの仲間たちみなさんのおかげで、僕は僕になれました。感謝しても感謝しきれないし、これからもお世話になり続けますが、まずはありがとうございました、と現時点でのお礼を言わせてください。

お母さんとお父さんと舞子とノーマへ。

いつもありがとう。みんな長生きしてくれ。


そして、未来のクリエイターへ。

あなたのことを考えるから、まぁまぁ多忙でしんどい瞬間にもなんとか筆を進めることができました。

あなたがクリエイターとして生きていくのであれば、いずれ会うことになるでしょう。

そのときを楽しみにしています。

三浦崇宏

2020年9月

**三浦崇宏（みうら・たかひろ）**

1983年東京都生まれ。The Breakthrough Company GO 代表、PR/クリエイティブディレクター。博報堂・TBWA\HAKUHODOを経て2017年に独立。「社会の変化と挑戦」にコミットすることをテーマにThe Breakthrough Company GOを設立。「表現を作るのではなく、現象を創るのが仕事」が信条。ケンドリック・ラマーの国会議事堂前駅「黒塗り広告」、国内外で8つの賞を受賞した「WEARABLE ONE OK ROCK」、メルカリの新聞折込チラシなど、従来の広告やプロモーションの枠を超えたクリエイションが大きな注目を集める。日本PR大賞、カンヌライオンズPR部門ブロンズ・ヘルスケアPR部門ゴールド・プロダクトデザイン部門ブロンズ、ACC TOKYO CREATIVITY AWARDSイノベーション部門グランプリ／総務大臣賞など受賞多数。著書に『言語化力』などがある。

**超《ちょう》クリエイティブ**
**「発想《はっそう》」×「実装《じっそう》」で現実《げんじつ》を動《うご》かす**

2020年10月30日　第1刷発行

著　者　三浦崇宏《みうらたかひろ》
発行者　鳥山 靖
発行所　株式会社 文藝春秋
〒102-8008
東京都千代田区紀尾井町3-23
電話　03-3265-1211
DTP　エヴリ・シンク
印刷所
製本所　大日本印刷

 ISBN978-4-16-391283-7
Printed in Japan